Wie erkenne ich Klassizistische Kunst?

Gondrom

Inhalt

Genehmigte Sonderausgabe für Gondrom Verlag
GmbH & Co. KG, Bindlach 1991

Autor: Gerd Betz
Idee: Harry C. Lindinger
Zeichnungen: Werner Neidhardt
Titelabb.: Walhalla bei Donaustauf
Foto: Otto/Bildagentur Mauritius
ISBN 3-8112-0755-5

Einleitung

Seit der Mitte des 18. Jahrhunderts nahm im Bereich der abendländischen Kultur die Sehnsucht nach einem natürlicheren Dasein und schlichteren Formen der Kunst zu. Philosophen, Gesellschaftskritiker, Künstler und Dichter bereiteten die Große Revolution vor, die am Ende des Jahrhunderts grundsätzliche Veränderungen bewirkte.
Im Abendland galt seit Jahrhunderten die Kunst und Kultur der Griechen und Römer der *Antike* als vorbildlich. Latein und Griechisch waren die Sprache der Gebildeten, die sich mit der Überlieferung des Altertums auseinandersetzten.
Das klassische *Griechenland* lag noch immer unter der Herrschaft der Türken, und so waren Erkundungsreisen in jenem Bereich kaum möglich. Aus eigener Anschauung kannten daher nur ganz wenige Europäer die klassische griechische Kunst, die schon den Römern als unerreichtes Vorbild gegolten hatte.
Rom und *Italien* dagegen wurden von Künstlern und Kunstfreunden häufig zum Studium der antiken Altertümer aufgesucht, wie auch überall in den ehemals römischen Provinzen noch beachtliche Monumente einstiger Größe vorhanden waren. Auf der Suche nach klassischen Vorbildern stieß man also überwiegend auf *römische* Zeugen des Altertums.
Zahlreiche Persönlichkeiten haben dem europäischen *Klassizismus,* der seinen Höhepunkt in der Zeit zwischen 1770 und 1830 erreichte, den Weg bereitet. Einer der einflußreichsten frühen Förderer des Rückgriffs auf die *Antike* war *Johann Joachim Winckelmann* (1717-1768), der seit der Mitte des 18. Jahrhunderts *Rom* als Zentrum seiner Forschungen gewählt hatte.
Der große Verehrer der klassischen griechischen Kunst, dessen Schriften begeistert aufgenommen wurden, gewann auch Einfluß auf *Anton Raffael Mengs* (1728-1779), der 1761 sein *Porträt* malte und zum ersten Hauptmeister des *deutsch-römischen Klassizismus* wurde. In der Folge kamen zahlreiche deutsche Künstler nach Rom, um in der Ewigen Stadt am Anblick vergangener Größe ihren

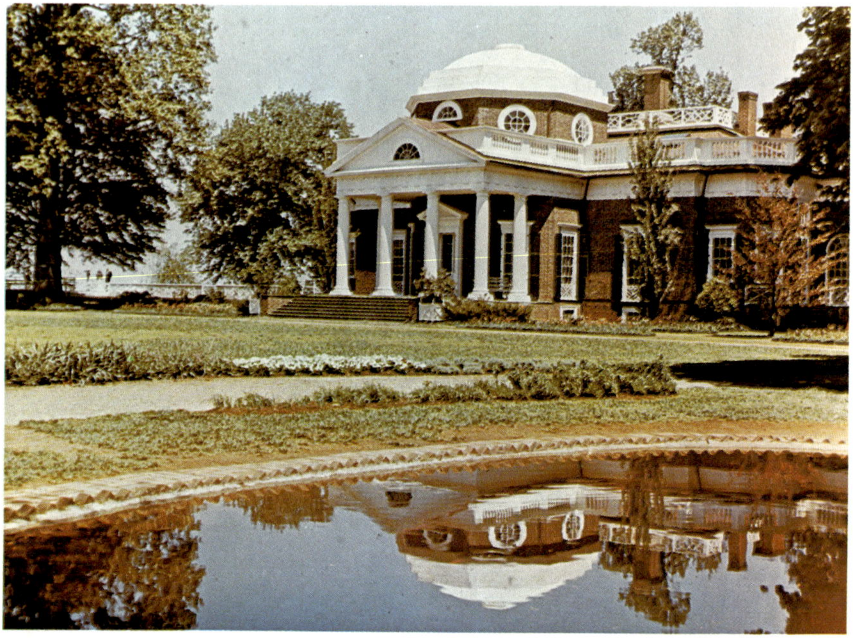

Das *klassizistische Wohnhaus* des amerikanischen Präsidenten *Thomas Jefferson* in *Monticello/U.S.A.* wurde seit 1771 nach seinen eigenen Entwürfen errichtet. Es geht von der englischen Idealvorstellung des mit der Natur verbundenen römischen Landhauses und den repräsentativen Villen *Palladios* aus. Der *Klassizismus* griff hauptsächlich auf große Vorbilder der *Antike* zurück, doch auch auf spätere Meisterwerke, die als *klassisch* empfunden wurden.

Stil als *Klassizisten* zu schulen. Die Angehörigen anderer Nationen fanden hier ebenso Vorbild und Ansporn, seien es Franzosen, Engländer, Skandinavier. Nicht nur die eigentliche antike Überlieferung schien ihnen *klassisch,* sondern ebenso die Kunst eines Raffael, Palladio oder Poussin.

Architektur und *Skulptur* der Antike waren als Vorbilder noch reichlicher vorhanden, als die großenteils untergegangene antike *Malerei.*

Die Künstler des Klassizismus, die nach einer neuen *Gesetzmäßigkeit* des Lebens und der Kunst strebten, hatten eine besondere Vorliebe für schlichte, große, eindrucksvolle Grundformen. An den Kunstwerken des Klassizismus fallen daher mit zahlreichen Varianten, immer wieder bestimmte Prinzipien auf: einfache geometrische und stereometrische Formen, Dreieck und Pyramide, Quadrat und Würfel, Kreis und Kugel. Die große geistige und politische Erneuerungsbewegung, deren künstlerischer Zeuge der Klassizismus war, entwickelte sich organisch und vielgliedrig. In der Kunst dieser Epoche lassen sich

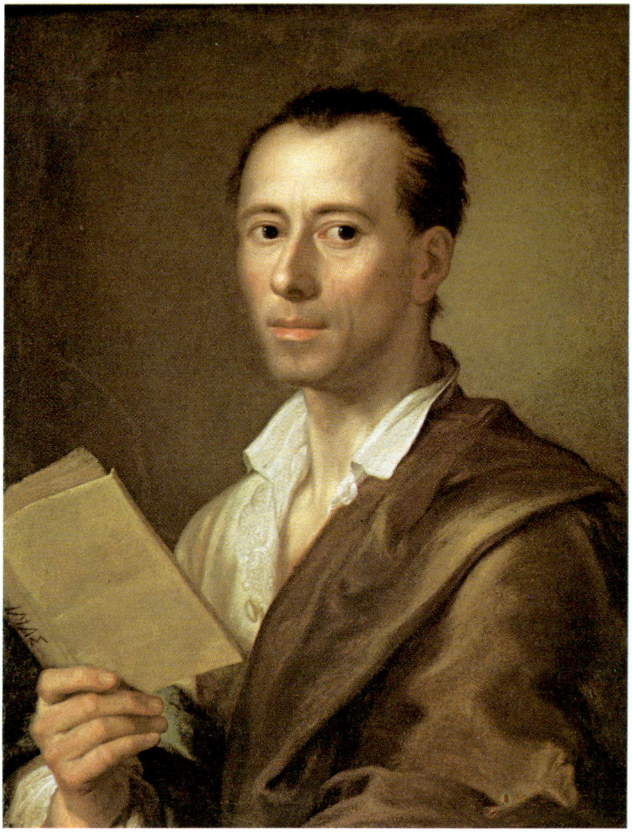

Ein entscheidender Wegbereiter des *Klassizismus* auf geistigem Gebiet war der deutsche Kunstschriftsteller und Archäologe *Johann Joachim Winckelmann* (1717-1768), der seit 1755 als Bibliothekar in *Rom* lebte. Er erwarb sich umfassende Kenntnisse der *antiken römischen Kunst* und erkannte die unerreichte künstlerische Qualität der älteren *griechischen Kunst.* In seinen viel beachteten Schriften wies er auf die „edle Einfalt und stille Größe" der Griechen des Altertums hin, die er zum Vorbild erklärte.
Die intensive künstlerische Auseinandersetzung mit den *klassischen Vorbildern* führte zum *Klassizismus.*

einleuchtende Parallelen zur philosophischen *Aufklärung* und zum *Idealismus* der Zeit erkennen. Die Grundsätzlichkeit des Klassizismus eignete sich zur Repräsentation unterschiedlicher Systeme: die Zeitgenossen der Französischen Revolution schätzten den Klassizismus genauso, wie Kaiser Napoleon I. für seinen *Empire-Stil* der Zeit zwischen 1800 und 1820. Und auch die ihm folgende *Restauration* stellte den Klassizismus in ihren Dienst. Bildhaft gesprochen, eignete sich der klassizistische „Tempel der Kunst" für die verschiedensten Kulte. Dadurch erwies sich dieser Stil - zur Bestätigung des eigenen Herrschaftsanspruchs und der eigenen Ideale - über Europa hinaus als äußerst folgenreich bis zum heutigen Tage.

Römische Vorbilder

Typisch für die Architektur des *Klassizismus* ist der Rückgriff auf Vorbilder der *Antike*. Im 18. und frühen 19. Jahrhundert waren *Rom* und Italien für die Künstler leichter zugänglich, als das damals noch von den Türken besetzte *Griechenland*. Die monumentalen römischen Bauwerke wurden daher häufiger studiert und nachgeahmt, als die klassischen griechischen.

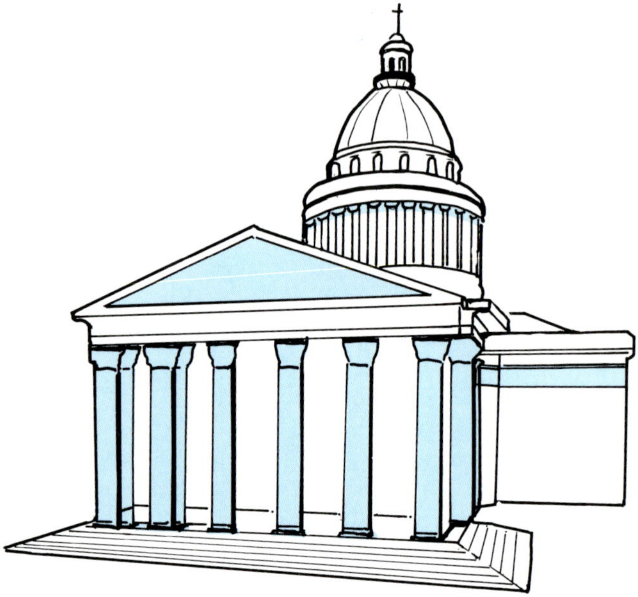

Die Architektur

Ein großes Vorbild der *Architektur des Klassizismus* waren die *Tempel der Römer*. Monumentale Zeugen der römischen Architektur des Altertums waren nicht nur in Rom und Italien, sondern auch an anderen Orten des antiken Römischen Imperiums zahlreich erhalten. Schon die Künstler der *Renaissance* hatten diese Vorbilder studiert, doch jetzt wurde besonders ihre *Monumentalität* als vorbildlich und nachahmenswert empfunden. Die Architekten des Klassizismus wandten nicht nur die *Ordnungen* der antiken Baukunst für ihre Werke im *dorischen, ionischen* oder *korinthischen* Stil an, sondern sie errichteten die verschiedensten Bauwerke nach römischem und griechischem Vorbild, so daß Paläste und Parlamentsgebäude, Kirchen und Rathäuser, Stadttore und Siegesdenkmäler das Aussehen römischer Tempel und Monumente annahmen. Die Nachahmung dieser Vorbilder erfolgte in den meisten Fällen nicht sklavisch, sondern mit künstle-

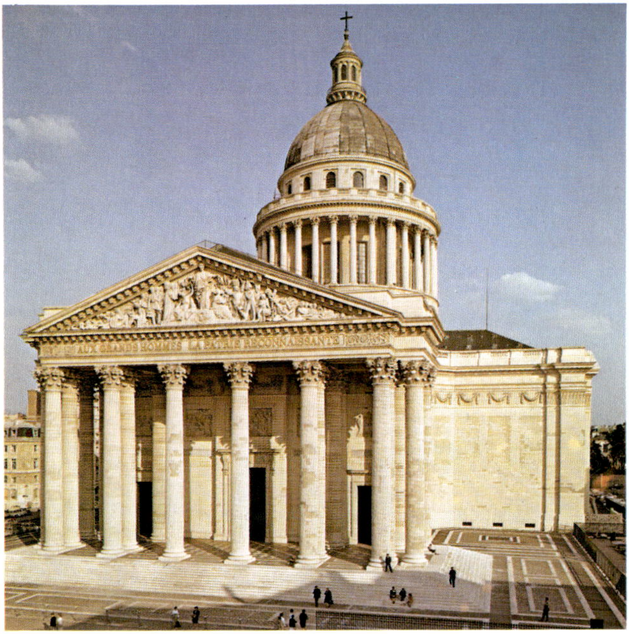

Das *Pantheon in Paris* wurde 1756–1790 von *Jacques-Germain Soufflot* errichtet. Die von korinthischen Säulen getragene Tempelvorhalle mit dem dreieckigen, skulpturengeschmückten *Tympanon* bildet den monumentalen Kontrast zu dem von einer mächtigen Kuppel bekrönten Kirchenbau.

rischer Einfühlung. Auffallend ist an der klassizistischen Architektur jedoch vor allem der Drang nach *Monumentalität,* die in vielen Fällen über das harmonische Maß der antiken Klassik oder auch der Renaissance hinausgeht. In *Frankreich* war der Boden für den *Klassizismus* am besten bereitet, denn schon die königliche Repräsentationskunst Ludwigs XIV. hatte großzügig-monumentale klassische Grundformen bevorzugt, die durch dekorativen Prunk kunstvoll bereichert wurden. Unter seinen Nachfolgern wurde dieser spezifisch französische Stil weiter verfeinert. Nach der Mitte des 18. Jahrhunderts erbaute *Jacques-Germain Soufflot* (1756–1790) in *Paris* die monumentale Kirche *Ste-Geneviève,* die zu Napoleons Zeiten in das *Pantheon,* einen Ruhmestempel der französischen Nation, verwandelt wurde. Sie fügt klassizistische Bauformen, – den von Säulen umgebenen Kuppelbau und die von Säulen getragene Tempelfront mit dem monumentalen Dreiecksgiebel – zu weithin sichtbarer, eindrucksvoller Gesamtwirkung zusammen.

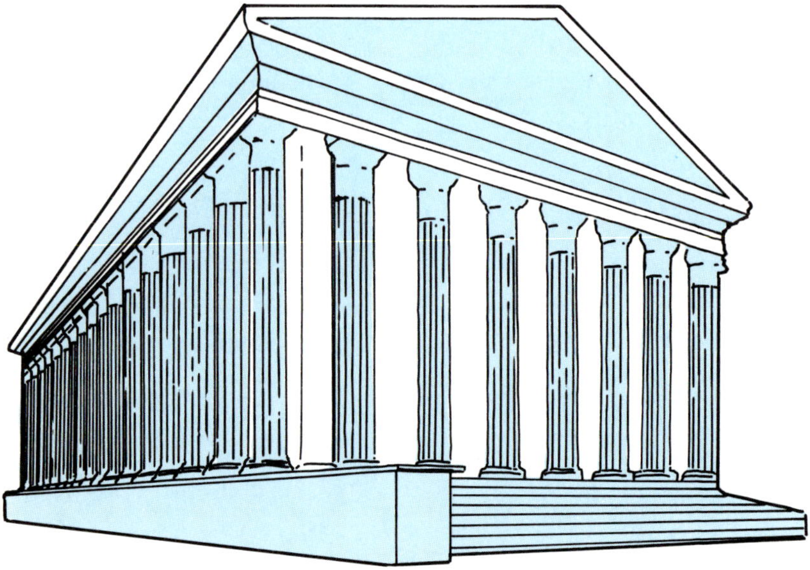

Prunk und Größe der spätrömischen Tempel schienen Napoleon I., dem Kaiser der Franzosen, besonders geeignet, den Herrschaftsanspruch seines Imperiums zu repräsentieren. Die Nachahmung vorhandener älterer Kunststile gewann im 19. Jahrhundert große Bedeutung.

Napoleon I. (1769-1821), der Kaiser der Franzosen und Überwinder der Französischen Revolution, erkannte, wie vortrefflich sich die Monumentalformen des *Klassizismus* zur Verkörperung der eigenen Staatsidee und des eigenen Herrschaftsanspruchs eignen. Die Hauptstadt *Paris* wurde auf seinen Befehl zu Beginn des 19. Jahrhunderts mit hervorragenden klassizistischen Bauwerken geschmückt. Antike Gesinnung und römischer Geist sollten in diesen wiedererstandenen Tempeln zum Ausdruck kommen. Der Architekt *Pierre Vignon* (1763- 1846) begann 1807 mit dem Bau der *Ste-Madeleine in Paris* in Gestalt eines römischen *Peripteros.* Die Hervorhebung des Bauwerkes durch ein *Podium,* die würdigen Formen und die breite Eingangstreppe, entsprachen dem Repräsentationsbedürfnis dieser Epoche. Eine christliche *Kirche* wurde auf diese Weise wie ein gewaltiger römischer Tempel, mit reichen korinthischen Monumentalsäulen und einem lastenden Frontgiebel - in dem der siegreiche Heiland anstelle der heidnischen Götter erscheint - klassizistisch gestaltet.

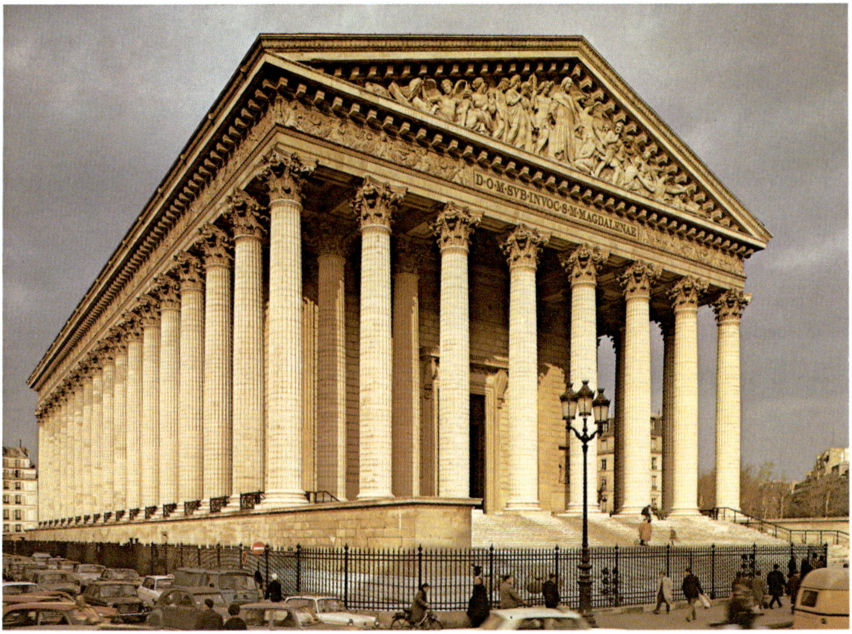

Die 1807 begonnene *Ste-Madeleine in Paris* ist eine christliche Kirche, die klassizistisch in das Gewand eines von Säulen umgebenen heidnisch-römischen Tempels gekleidet wird. Die antiken Bauformen galten als verpflichtendes Vorbild.

Napoleon und seine Verbündeten schätzten solche anspruchsvollen Monumente und ließen sie verschiedentlich in ihrem Machtbereich errichten. Die Herrschenden waren entschlossen, nachdem ihre Ansprüche durch die Französische Revolution in Frage gestellt worden waren, in restaurativer Weise durch den Rückgriff auf die erhabenen klassischen Formen ihre eigene Bedeutung zu dokumentieren. In dieser Hinsicht diente die klassizistische Kunst häufig der politischen Propaganda. Die beispielhafte Bestätigung ihrer Macht war bereits ein Anliegen der antiken römischen Imperatoren. Die Übertreibung aller Proportionen im Hinblick auf imposante Wirkung entsprach bei der Architektur des Klassizismus allerdings oft weniger der realen Macht, als einer propagandistischen Absicht.

Marmor war das ideale Baumaterial des Klassizismus. Soweit er nicht zur Verfügung stand, mußte er durch andere Steine und Baustoffe ersetzt werden, die möglichst dem Anspruch auf Größe, Klarheit und Reinheit genügten.

Triumphbogen

Die römischen Imperatoren des Altertums errichteten in ihrer Hauptstadt *Rom* und in den Provinzen ihres Weltreiches zur ewigen Erinnerung an ihre militärische Stärke monumentale, reliefgeschmückte *Triumphbogen.* Der französische Imperator *Napoleon* nahm diesen klassischen Brauch zur Verherrlichung seines eigenen Ruhmes wieder auf. Typisch ist jedoch die kolossale Übersteigerung aller Proportionen.

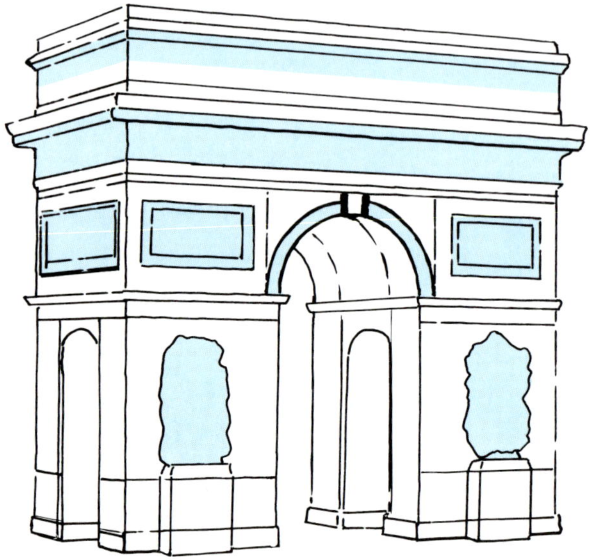

Die Herrschaft Napoleons I., der zu einer Leitfigur der Epoche wurde, basierte auf militärischen Erfolgen. Der kühne Imperator nutzte den Elan der revolutionären Bewegung für seine ehrgeizigen Ziele. Der Korse machte sich zum Kaiser der Franzosen und unterwarf in seinen Kriegen ganz Europa. Er korrumpierte die auf Wiederherstellung ihrer Vorrechte bedachten traditionsreichen Fürstenhäuser und zwang ihnen Bündnisse und dynastische Heiraten mit seinen Familienangehörigen auf. Überall wollte der Imperator nach altrömischem Vorbild seine unbesiegbare Macht demonstrieren. In *Paris* ließ er durch den französischen Architekten *Jean-François Chalgrin* (1739–1811) am Beginn der Champs-Elysées als weithin sichtbares Stadtwahrzeichen und Siegesdenkmal den monumentalen *Arc de Triomphe (Triumphbogen)* errichten. Das gewaltige Siegestor wurde bei seiner späteren Vollendung mit wirkungsvollen Reliefs von *François Rude* (1784–1855) geschmückt. Sie erinnern an den Ruhm Frankreichs auf allen Schlachtfeldern und an die mitreißende Aufbruchsstimmung der französischen Na-

Der Architekt *Chalgrin* begann im Jahr 1806 den klassizistischen *Arc de Triomphe* in *Paris.* 1813, nach der Niederlage Napoleons, wurde der Bau eingestellt und erst 1823–1836 vollendet. Dieses Stadtwahrzeichen ist 49 m hoch, 45 m breit und 22 m tief. Der Skulpturenschmuck ist dem geschlossenen Baukörper dekorativ aufgesetzt.

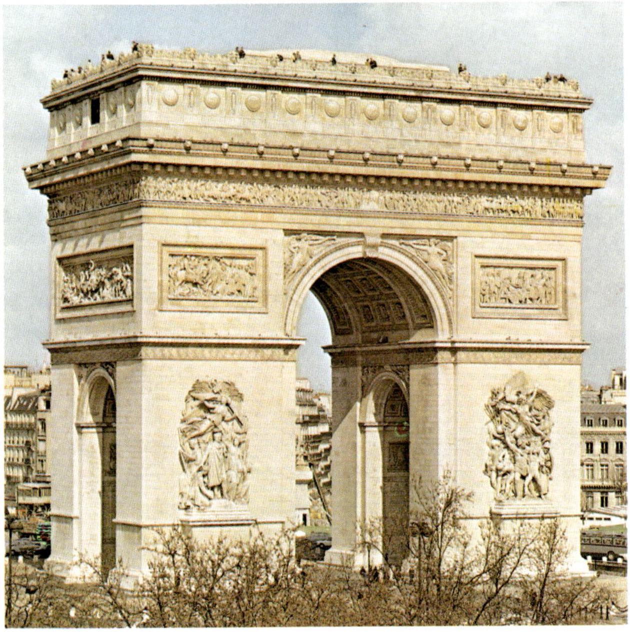

tionalhymne, der *Marseillaise.* Der reiche Skulpturenschmuck des Triumphbogens ist dem in sich geschlossenen monumentalen Bauwerk gewissermaßen nur äußerlich aufgesetzt und nicht organisch daraus erwachsen.
Diese Art der kraftvollen Kombination heterogener Grundelemente gehört zu den Wesensmerkmalen des Klassizismus, der mit jugendlicher Rücksichtslosigkeit seine Vorhaben verwirklichte und Gegensätzliches unter ein Joch zwang.
Der *klassizistische Empire-Stil* fand in verschiedenen Hauptstädten Europas, die zeitweilig im Bund mit dem Gewaltherrscher standen, seine mannigfaltigen Abwandlungen. *Klassizistische Stadtplanungen* und *Monumentalbauten* entstanden überall zwischen *Paris* und *Wien, St. Petersburg* und *Neapel.* Zahlreiche Städte schmückten sich mit klassizistischen Straßen und Alleen, mit Plätzen und Torhäusern, Siegesbogen, monumentalen Kirchen und Rathäusern, Palästen, Theatern und Villen. Der Klassizismus dokumentierte in allen seinen Werken den Anspruch einer *neuen Epoche,* eines neuen Geistes.

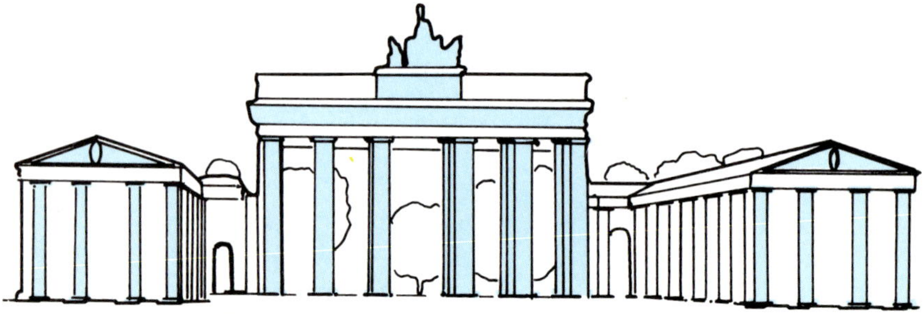

Am Beginn einer neuen Epoche, an der Wende vom 18. zum 19. Jahrhundert, erschienen die alten Stadtkerne oft zu eng. Großzügige Neuanlagen und Erweiterungen wurden in den fürstlichen Residenzstädten, wie *Berlin,* geplant und mit klassizistischen Bauwerken geschmückt, um die neue, klassische Gesinnung zu dokumentieren.

Die Architektur des *Klassizismus in Deutschland* entwikkelte an verschiedenen Zentren eigene Lösungen. Auch hier gab es Architekten, die der *Revolutionsarchitektur* nach französischem Vorbild angehören, wie der jung verstorbene *Friedrich Gilly* (1772–1800) in *Berlin,* der mit einem architektonischen *Entwurf für das Denkmal Friedrichs d. Gr.* 1797 sowie mit dem *Entwurf zu einem Nationaltheater* 1798 hervortrat. Er bevorzugte schlichte, stereometrische Grundformen und kraftvoll-wuchtige Gestaltung. Gilly hatte bei dem frühklassizistischen Baumeister *Friedrich Wilhelm von Erdmannsdorf* (1736–1800) und bei dem schlesischen Architekten *Carl Gotthard Langhans* (1732–1808) gelernt.

Berlin, die preußische Hauptstadt, war im späten 18. und im 19. Jahrhundert eine der aufstrebenden Metropolen Europas. Die verschiedensten Einflüsse überschnitten sich dort, aus West und Ost, Nord und Süd. Berlin war zeitweilig ein Hauptort des deutschen Idealismus und des antinapoleonischen Widerstandes. Liberale und konservative Strömungen lagen hier im Widerstreit. Die königlich-preußische Regierung wollte ihre Hauptstadt mit eindrucksvollen klassizistischen Monumenten schmücken. Großzügige Stadterweiterungen wurden auch hier vorgenommen. Der Rahmen dieser Planung rechnete mit dem erhofften raschen Wachstum der Hauptstadt. Breite Alleen wurden angelegt, die Stadtgrenze rigoros in bisher unbebautes Gelände hinausgeschoben.

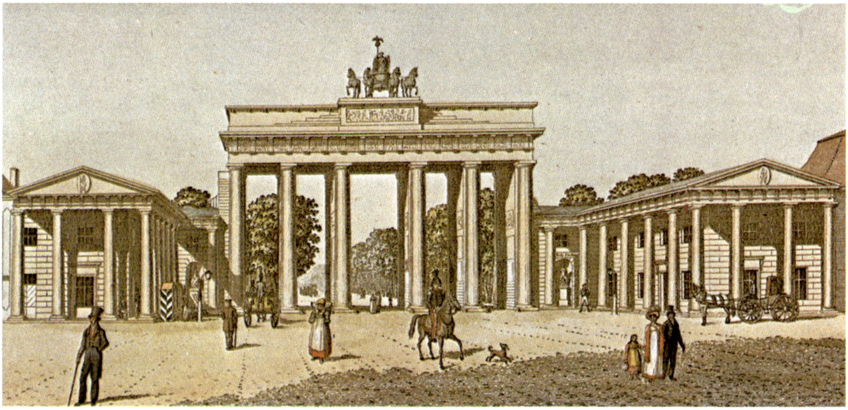

Das berühmte *Brandenburger Tor* in *Berlin,* von 1788–1791 erbaut, hat über den praktischen Zweck hinaus die Stadtgrenze zu kennzeichnen und in den Nebengebäuden die Torwächter aufzunehmen, den Charakter des klassizistischen Denkmals. Der preußische Klassizismus ist weit spröder und karger als der französische Napoleons.

Langhans erbaute in *Berlin* zwischen 1788 und 1791 das *Brandenburger Tor,* das erst in späteren Zeiten zum politischen Symbol wurde. Zunächst sollte es den Bewohnern und Gästen der preußischen Hauptstadt zeigen, daß es sich hier um ein fortschrittliches europäisches Zentrum handelt, das den Vergleich mit dem *Athen* oder *Rom* des klassischen Altertums aushält. Die zukunftsorientierte Stadtplanung hatte zwar die mittelalterlichen Mauern und Tortürme hinter sich gelassen und energisch den Weg in die Zukunft gewiesen, doch noch immer hielt man es für angebracht, die Gemarkung der Stadt eindrucksvoll mit symbolischen *Stadttoren* abzugrenzen.
Typisch ist die Vorliebe des *Klassizismus,* hier in der preußischen Ausprägung, für eindrucksvolle, übersichtliche Gliederung, übermenschliche Größe und symmetrische Ausgewogenheit. Das etwas starre, von dorischen Säulen getragene Tor wird von schlichten, tempelartigen Wächterhäusern flankiert. Preußische Strenge und Nüchternheit sind unverkennbar, die völlig von dem französischen Repräsentationsstreben abweichen und im Grunde eher republikanisch als kaiserlich erscheinen. Auch dieses klassizistische Bauwerk war zu seiner Entstehungszeit weit anspruchsvoller als sein praktischer Zweck, die Abgrenzung. Die *symbolische Bedeutung* schätzte der Klassizismus höher ein, als die bloße Nützlichkeit. Entsprechend hat die klassizistische Architektur nicht selten einen anspruchsvoll *utopischen Zug.*

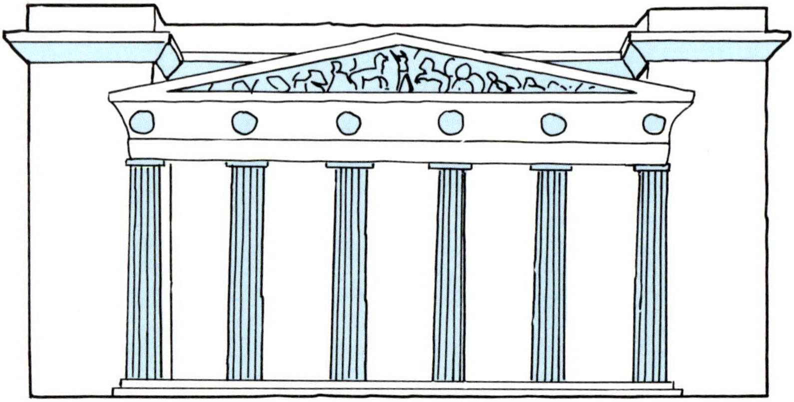

Die kriegerische Epoche um 1800 sah in den klassischen Formen der Antike wesensverwandte Vorbilder. Die gedrungene *dorische Ordnung* mit ihren schmucklosen Formen galt schon in der Antike als soldatisch-männlich. Sie schien daher besonders geeignet zur Kennzeichnung monumentaler Torgebäude.

Dem *Klassizismus* lag ein hohes Erziehungsideal zugrunde, das von der Überzeugung durchdrungen war, die Menschen und die Verhältnisse könnten durch das Studium klassischer Vorbilder und deren getreue Nachahmung gebessert werden. Der Klassizismus hat daher häufig vorbildlich-lehrhaften Charakter.

Die Künstler und die Gebildeten bemühten sich unablässig darum, die gepriesenen Vorbilder der Antike persönlich kennenzulernen und gründlich zu studieren. Sie wanderten nach *Italien* und *Rom,* an die Stätten klassischer Überlieferung und pflegten untereinander einen lebhaften Austausch. Es war eine große Zeit idealistischer Begeisterung und gewissenhafter Nachahmung. *Kunstakademien* blühten auf und die berühmten Künstler des Klassizismus gewannen großen Einfluß als Lehrer.

In *Berlin* wurde der Maler und Architekt *Karl Friedrich Schinkel* (1781–1841) zum bedeutendsten klassizistischen Meister in der 1. Hälfte des 19. Jahrhunderts. In umfassenden Studien hatte er sich mit der Baukunst der Antike auseinandergesetzt und bei großen Zeitgenossen wie

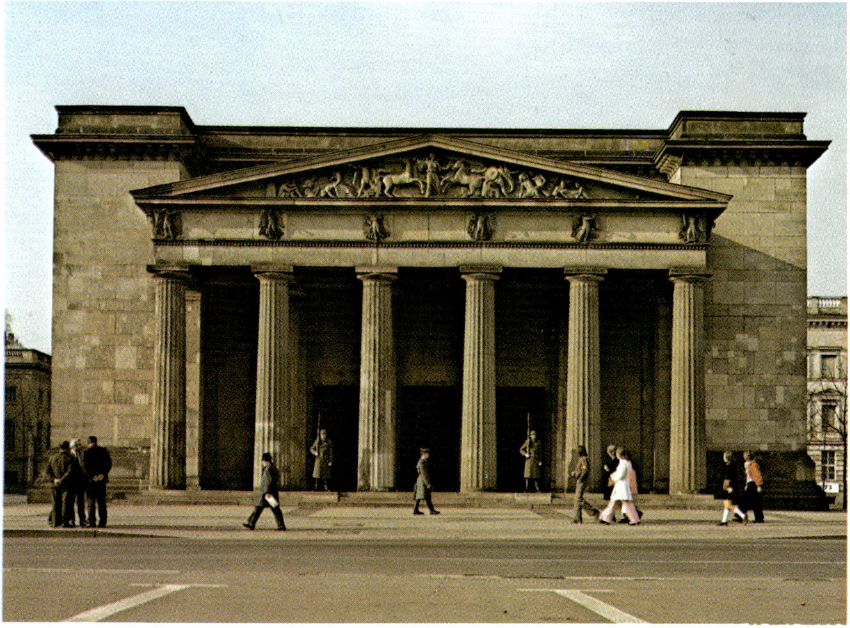

Der Klassizist *Karl Friedrich Schinkel* prägte in entscheidender Weise das Gesicht der Hauptstadt *Berlin.* Seine 1816/17 errichtete *Neue Wache* verklammert die gedrungene dorische Tempelfront mit ihrem niedrigen Dreiecksgiebel und einen wuchtig gelagerten doppeltürmigen Baublock.

Gilly und *David* gründlich gelernt. Aufenthalte in *Frankreich* und *Italien* hatten seinen Horizont erweitert. Seiner Schulung nach war er Klassizist, doch ergriff ihn auch die visionäre Vergangenheitssehnsucht der *Romantik.* Der vielseitige *Schinkel* steht so, trotz seiner klassizistischen Hauptwerke, am Beginn des äußerst folgenreichen *Historismus,* der nicht nur in der klassischen Antike, sondern auch in anderen Stilen der Vergangenheit, wie der mittelalterlichen *Gotik,* seine Vorbilder suchte.

Während seiner jahrzehntelangen Tätigkeit schuf *Schinkel* in *Berlin* die *Neue Wache,* 1816/17, das *Schauspielhaus,* 1818-1821, das *Alte Museum,* 1822-1828, die *Werdersche Kirche,* 1825-1828 sowie die *Nikolaikirche in Potsdam,* 1830-1837, sowie zahlreiche Entwürfe für Häuser und Paläste. Auch als bedeutender Theoretiker und Lehrer wurde er viel beachtet (1834: *Grundlagen der praktischen Baukunst*).

Schinkels *Neue Wache in Berlin* weist wiederum den Charakter des klassizistischen Monuments auf. Die praktische Aufgabe einer Wache erscheint zweitrangig, da die

Rom bot den Künstlern des *Klassizismus* die wichtigsten Vorbilder. Das im 2. Jahrhundert errichtete *Pantheon* galt als vollkommener, klassischer Bau, und seine Rotunde wurde daher für klassizistische Bauwerke verschiedentlich nachgeahmt. Die Beschränkung der Grundform auf *Zylinder* und *Halbkugel* ist Inbegriff plastischer Geschlossenheit.

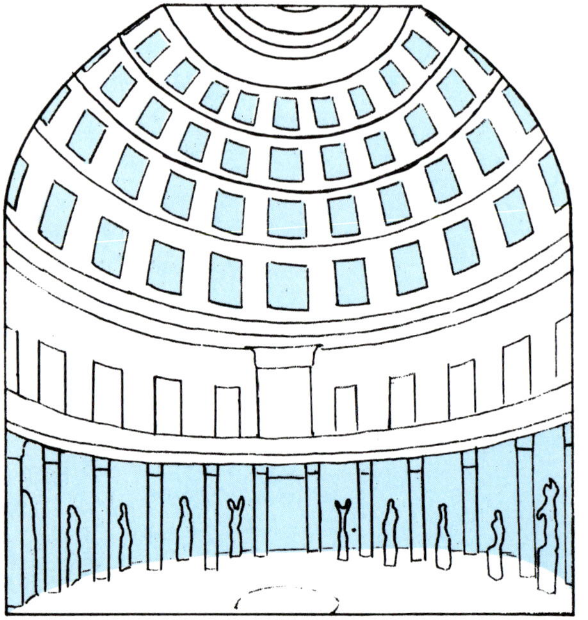

Idee von Ordnung und Sicherheit zum Ausdruck kommen soll. Dies legte, wie auch bei anderen klassizistischen Bauwerken, die spätere Verwendung als *Mahnmal* nahe. Typisch für den Klassizismus ist die ruhige Geschlossenheit des Baukörpers mit vorgelagerter dorischer Tempelfront, der den Eindruck von Ernst und Würde hervorruft. Hatte die Französische Revolution radikal das Ende zahlreicher überlieferter Traditionen des späten 18. Jahrhunderts bedeutet, so kam dem Klassizismus des 19. Jahrhunderts die Aufgabe zu, die Forderung nach einem Neubeginn mit der nach Restauration zu verbinden. Es ging um die Orientierung am klassisch Bewährten und zugleich um die Verheißung einer neuen, glücklichen Epoche. Auf die philosophischen Errungenschaften der Aufklärung wollte niemand verzichten, doch ging es zugleich um Ausdruck und Festigung der Macht.

Das *Bürgertum* war der Gewinner der Umwälzungen. Es erhob den Anspruch auf *Bildung* als Voraussetzung zur Mitsprache. Die großen Vorbilder suchte man in der *Vergangenheit.* So wurde das 19. Jahrhundert zu einer ein-

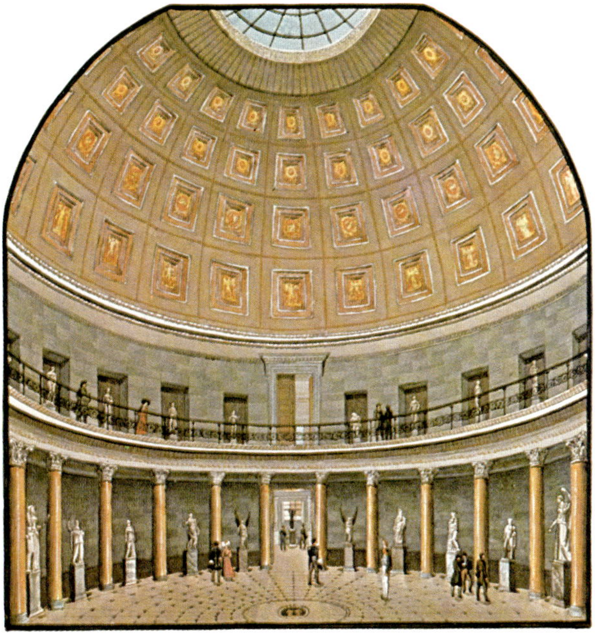

Schinkel setzte für sein *Altes Museum* in *Berlin* 1822–1828 das Vorbild des römischen *Pantheons* um. Rings um die Wände des monumentalen Rundbaus sind in zwei Geschossen die antiken Skulpturen der Sammlung aufgestellt, so daß ein umfassendes „Pantheon der Kunst" entsteht.

zigartigen Epoche der Geschichtsforschung, des systematischen Sammelns und Sichtens. Die Fürsten beanspruchten noch immer das Vorrecht der Mäzene, doch stellten sie ihre Schätze der Öffentlichkeit zur Verfügung, als Belehrung und Vorbild. In *Berlin* baute z. B. *Schinkel* das *Alte Museum,* das zur Aufnahme der fürstlichen Sammlung antiker Skulpturen bestimmt war. Sein zentraler Kuppelsaal wurde nach dem Vorbild des *Pantheons* in *Rom* errichtet. Typisch ist die Kassettendecke dieser Rotunde mit ihren quadratischen Feldern, das Oberlicht in der Mitte. Dieses preußische „Pantheon klassischer Kunst" symbolisiert bis ins Detail Ordnung und Übersichtlichkeit. An den Wänden stehen in gebührenden Abständen die antiken Bildwerke. Eine schmale, umlaufende Galerie ermöglicht auch im Obergeschoß die Betrachtung der Standbilder. Kunst und Bildung werden in einem derartigen „Musentempel" zur Ersatzreligion, die den Bürger im Interesse des Staates läutern und bilden soll.

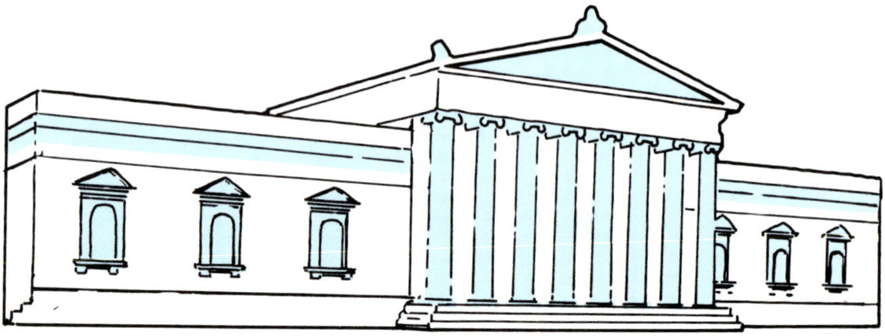

Eine Eigentümlichkeit der Epoche des *Klassizismus* ist sein starkes Interesse für die *Archäologie*. Die berühmten Stätten des Altertums wurden durch Ausgrabungen erforscht, die vorhandenen Sammlungen neu geordnet und systematisch erweitert. Die *klassizistischen Museumsgebäude* sollten auf den ersten Blick erkennen lassen, daß es sich um „Tempel der Kunst“ handelte.

Klassizistische Architektur aus den verschiedenen Phasen dieses Stils ist noch in zahlreichen Städten unseres Vaterlandes, trotz aller Zerstörungen, anzutreffen. Bevor wir auf die Bedeutung des Klassizismus in *München* eingehen, sei noch an einige andere Zentren und Baumeister erinnert. *Friedrich Weinbrenner* (1766 - 1826) hat die klassizistische Erweiterung der badischen Residenzstadt *Karlsruhe* in entscheidender Weise bestimmt. Noch heute setzen hier die *Evangelische* und die *Katholische Stadtkirche* sowie das *Rathaus* markante Akzente. Im Rahmen dieser kurzen Übersicht ist es nicht möglich, alle Rathäuser und Kirchen, Tore, Adelspaläste, Theater, Museen, Bibliotheken, Münzstätten und Öffentlichen Bauwerke zu nennen, die im klassizistischen Stil zwischen Hamburg und Basel, Düsseldorf, Hannover und Breslau, Lübeck, Stuttgart und Augsburg gebaut wurden. Ebenso reich ist die Überlieferung an Innendekorationen und Möbeln, die aus der Zeit des Klassizismus und des französischen *Empire* überliefert sind. Allen gemeinsam sind bestimmte unverkennbare Stilmerkmale, wie die Vorliebe für schlichte Monumentalität und für den vermeintlich klassisch-römischen Dekor. Der Klassizismus strahlte ebenso auf *Polen, Finnland* und *Rußland* aus, wo ebenfalls hervorragende Beispiele dieser vornehmen Kunst erhalten sind.

Zu den deutschen Hauptstädten, die zu Beginn des 19. Jahrhunderts in entscheidender Weise, wie später dann

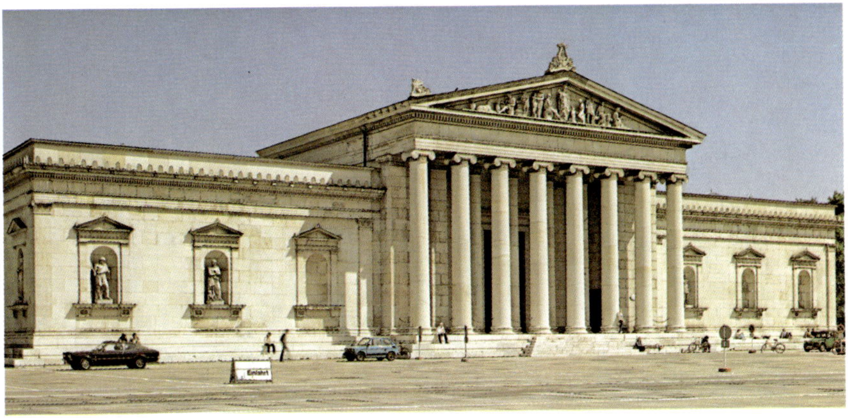

Der Bayernkönig *Ludwig I.* war ein bedeutender Förderer der Kunst und des *Klassizismus.* In *München* ließ er durch seinen Hofarchitekten *Leo von Klenze* 1816–1830 die *Glyptothek* errichten, die zur Aufnahme seiner griechischen Skulpturensammlungen bestimmt war.

vom *Historismus,* zunächst von einem spezifischen *Klassizismus* geprägt wurden, gehört das „Königlich-bayerische“ *München.* Der Bayernkönig Ludwig I., der von 1825 bis 1848 regierte, war hier der bestimmende Mäzen. Bereits als Kronprinz hatte er in Rom entscheidende Eindrücke von der Größe der antiken Kunst gewonnen und dort deutsche Künstler um sich geschart. Als er zur Regierung kam, war er entschlossen, aus seiner Hauptstadt ein führendes Zentrum der Kunst und Kultur, ein „Isarathen“ zu machen. Er berief daher zahlreiche Künstler nach München, um ihnen Aufträge zu erteilen. Der Monarch war ein begeisterter Verehrer der griechischen Kultur, und als 1832 sein zweiter Sohn Otto zum König von *Griechenland* gewählt wurde, entstanden auch in dessen Hauptstadt *Athen* hervorragende klassizistische Bauwerke, die bis heute das Bild der Stadt bestimmen.

Die napoleonische Ära war, trotz vorübergehender politischer Bindung, an der bayerischen Kunst ohne tiefere Wirkung vorbeigegangen, unter Ludwig I. kam nun eine ganz eigene Ausprägung des *deutschen Klassizismus* zur Geltung. Am *Königlichen Platz* in *München* ließ der Bayernkönig durch seinen Hofarchitekten *Leo von Klenze* (1784–1864), einem Hauptmeister des deutschen Klassizismus, 1816–1830 die *Glyptothek* errichten. Dieser Museumsbau, eine viereckige Anlage mit großem Innenhof, war zur Aufnahme der Königlichen Antikensammlungen bestimmt. Den Eingang des symmetrisch

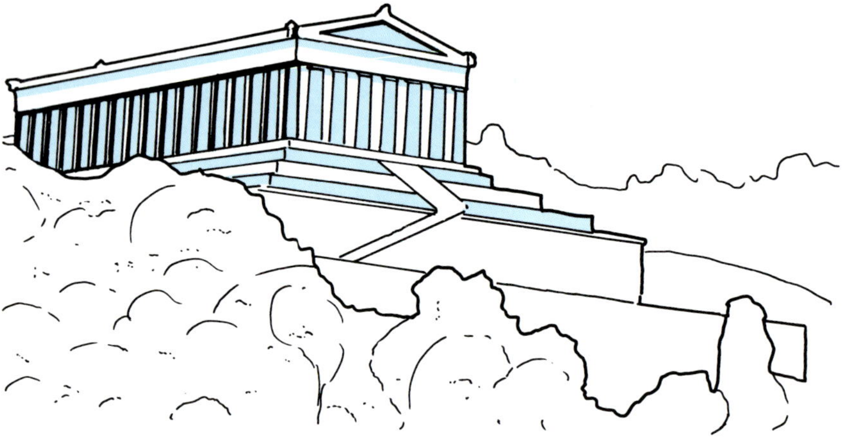

Die Architektur des *Klassizismus* diente in unterschiedlicher Weise dazu, den Anspruch und die Ideale der Herrschenden zu verkörpern. Das Vorbild des antiken *griechischen Tempels* war gleichermaßen für christliche Kirchen und weltliche Monumente geeignet.

gelagerten Baukörpers betont in der Mitte eine von 8 monumentalen ionischen Säulen getragene tempelartige Giebelfront. Der Maler *Peter von Cornelius* übernahm 1820-1830 die Ausmalung der Glyptothek mit Fresken. Das Gegenstück an der Südseite des Platzes, die *Neue Staatsgalerie,* erbaute 1838-1848 *Georg Friedrich Ziebland* (1800-1873) als Ausstellungsgebäude.

Leo von Klenze errichtete im Auftrag des Königs noch zahlreiche weitere Gebäude. Er war ein anpassungsfähiges Talent und nahm auch manche Anregungen der italienischen Renaissancearchitektur auf. Zu seinen hervorragenden Werken gehört die *Alte Pinakothek in München,* 1826-1830, die im letzten Krieg den Bomben zum Opfer fiel. Sie nahm die Gemäldegalerie alter Meisterwerke auf und wurde vor kurzem modern wieder aufgebaut.

Ein hervorragendes Zeugnis des Könnens Leo von Klenze's und der königlichen Baugesinnung ist die 1830-1847 errichtete *Walhalla* bei *Regensburg.* Sie sollte, hoch über der Donau, als Mahnmal nationaler Größe ins Land

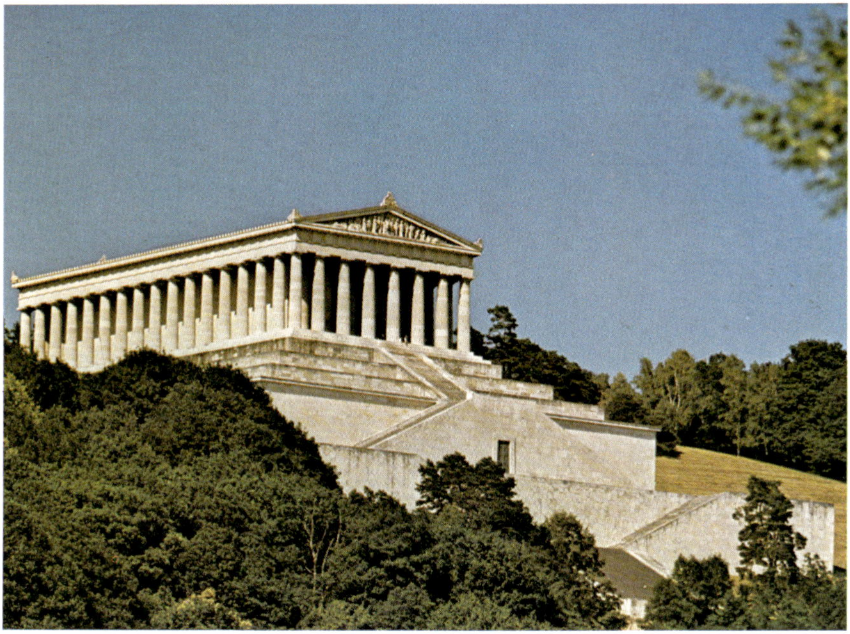

Ludwig I. gab *Leo von Klenze* den Auftrag, als deutsche Ruhmeshalle die *Walhalla* bei Regensburg, hoch über der Donau, 1830-1847, zu errichten.
Als Ideal schwebte dem griechenlandbegeisterten Mäzen die hochragende *Akropolis von Athen* mit dem *Parthenon* vor.

grüßen. Diese Ruhmeshalle wurde nach dem Vorbild des Parthenon auf der Akropolis von *Athen* erbaut. Aufschlußreich für die Haltung des Klassizismus im Vergleich zu der griechischen Klassik des 5. Jahrhunderts v. Chr., auf die er sich beruft, sind die völlig verschiedenen geistigen Voraussetzungen. Der *Parthenon* der griechischen Klassik wurde als Tempel zu Ehren der Stadtgöttin Athena errichtet. Die Athener hatten ihr, als Herrin ihrer Stadt den vornehmsten Platz auf der ehemaligen Burg eingeräumt. Die klassizistische *Walhalla* dagegen ist ein der eigenen, romantischen Idealvorstellung entsprungener „Ruhmestempel“, in dem Standbilder großer Männer der völkischen Vergangenheit aufgestellt werden sollten. Ein eigenartig theatralischer Zug, der für die Kunst des 19. Jahrhunderts außerordentlich wichtig ist, kommt hier bereits im klassizistischen Gewand zum Vorschein. Der Klassizismus versuchte, seine Ideale in einer im Grund glaubenslosen Epoche, in monumental übersteigerten Formen zu verkörpern.

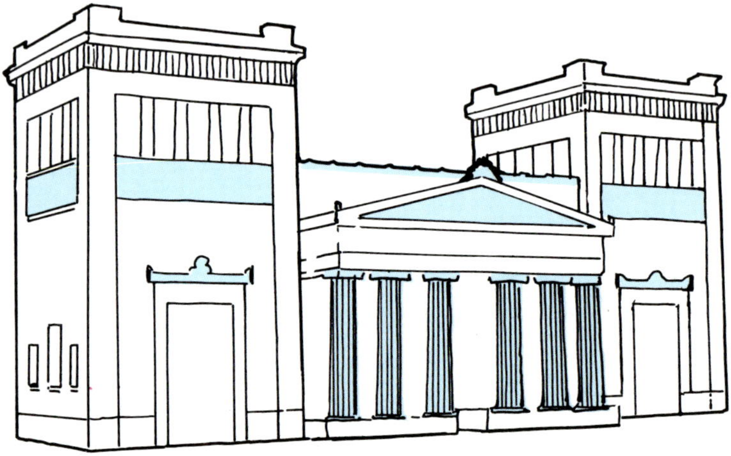

Auch dem König von Bayern erschien seine traditionsreiche Hauptstadt *München* nicht mehr zeitgemäß. Auf seinen Befehl wurde eine großzügige Stadterweiterung vorgenommen, die durch *klassizistische* Bauwerke gekennzeichnet ist. Zunächst schätzte man vorwiegend die klassischen Vorbilder, während sich dann im späteren 19. Jahrhundert der *Historismus* mit seinem variantenreichen „Karneval der Stile" durchsetzte.

Die offizielle, klassizistische Baukunst erfüllt im Interesse der Herrschenden oft eine propagandistische, erzieherische Aufgabe. Die Nachahmung der klassischen Vorbilder hat den Charakter akademisch erhabener Kühle und Künstlichkeit und übermenschlicher Majestät.
In einer eklektizistischen Spätzeit wurde das maßvolle klassische Vorbild gewaltig und kraftvoll, auch willkürlich, übersteigert. Der Klassizismus erwies sich als hervorragend geeignet für die offizielle Repräsentation allgemein anerkannter Ideale, während die praktische Benutzbarkeit dieser auf imposante Wirkung bedachten Baukunst gering und meist garnicht beabsichtigt war.
Leo von Klenze's *Propyläen* in *München* sind ein ausgezeichnetes Beispiel für den bereits übersteigerten *Klassizismus.* Das Bauwerk am *Königlichen Platz* beschwört die Erinnerung an die berühmten *Propyläen der Akropolis von Athen.* Dort, in der Hauptstadt der antiken, klassischen Welt, behütete das Tor einen heiligen Bezirk, in der klassizistischen Residenzstadt des 19. Jahrhunderts hat es dagegen die Funktion eines zum Ruhmesdenkmal

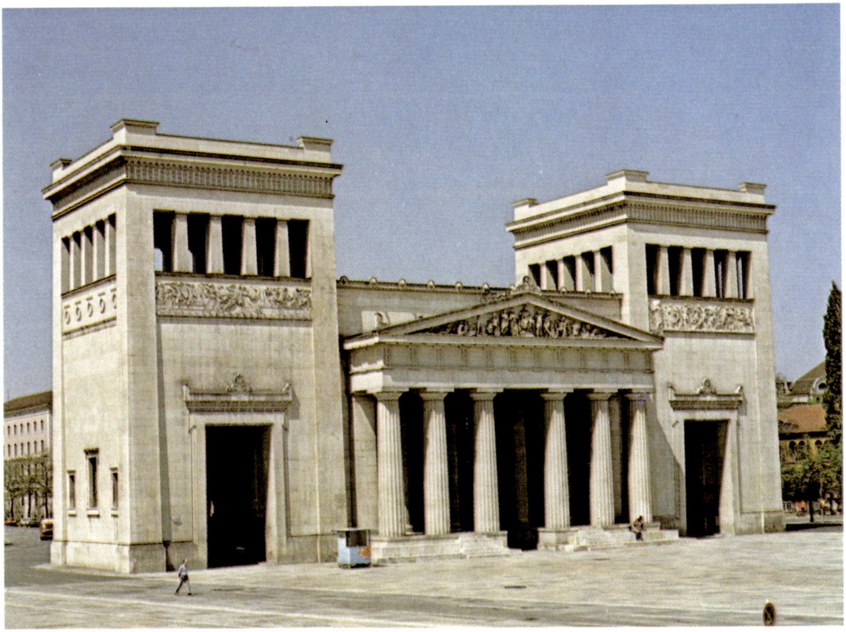

Ein reifes Spätwerk Leo von Klenze's sind die *Propyläen* in *München,* 1846–1860. Mit eklektizistischer Freiheit werden hier bereits klassische und ägyptische Bauformen zu einem anspruchsvollen *Klassizismus* vereinigt, der z. B. über die preußische Strenge eines Schinkel weit hinausgeht.

gewordenen Stadttors. Der äußere Eindruck ist, wie beabsichtigt, imposant. Zwei mächtige Flankentürme, die an ägyptische Pylonen erinnern, nehmen einen niedrigeren dorischen, tempelartigen Vorbau in die Mitte. Zahlreiche Stilelemente sind dem klassischen Repertoire entnommen, die Säulen und Giebel, Ornamente und Reliefs. Alles ist in eklektizistischer Weise geschmackvoll und auf Wirkung bedacht zusammengesetzt. Dieser Stil ließ sich durch gründliches Antikenstudium erlernen, und seine zur beliebigen Kombination geeigneten Grundelemente konnten auch durch die akademische Lehre einwandfrei weitergegeben werden. So ist es nicht verwunderlich, sondern es entspricht einer inneren Logik, daß der Klassizismus als Stil nicht an seiner äußeren Übersteigerung zugrunde ging, sondern durch die Konkurrenz anderer historischer Kunststile, von der Romanik und Gotik bis zu Renaissance und Barock, die in der zweiten Hälfte des 19. Jahrhunderts in der Gunst von Auftraggebern und Publikum mit ihm wetteiferten und ihn ablösten.

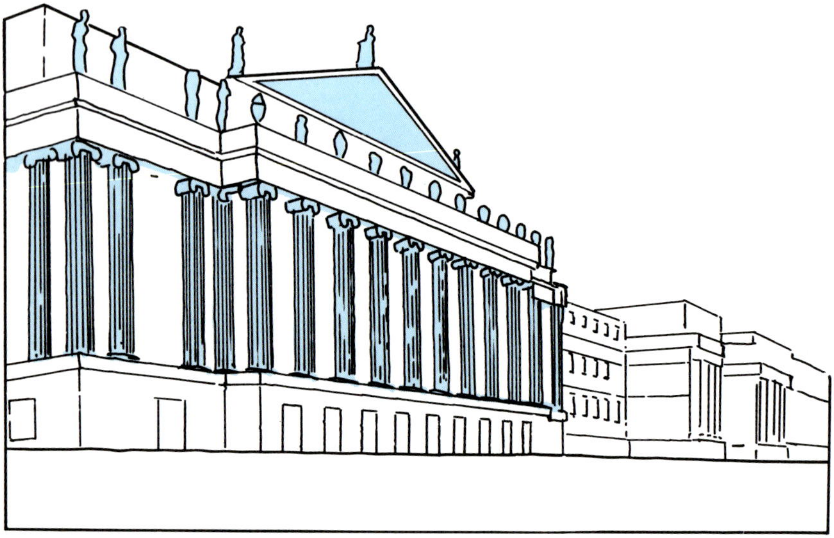

In *England* entwikkelte sich früh ein selbständiger *Klassizismus,* der sich nicht nur an den Vorbildern der klassischen Antike, sondern mehr noch an der Baukunst *Palladios* (1508–1580) orientierte, die hier seit Generationen geschätzt wurde. Seine Kunst, repräsentative Villen und Paläste durch monumentale Säulenvorbauten zu schmücken, galt als Maßstab.

In England fand der *Klassizismus* eine eigene Ausprägung. Die Auseinandersetzung mit dem Geistesgut der griechischen und römischen Antike hatte hier alte Traditionen, und die Voraussetzungen für immer neue Rückgriffe auf klassische Vorbilder waren entsprechend günstig. Die Angehörigen der wohlhabenden Oberschicht unternahmen Reisen an die Stätten antiker Kultur, vor allem nach *Italien.* Sie hatten auch zum Teil bedeutende Kunstsammlungen, die sie kenntnisreich erweiterten. In zahlreichen Fällen verlangten sie von den Architekten den geeigneten klassizistischen Rahmen für ihr Dasein.
Der *englische Klassizismus* hat sich großenteils unabhängig vom französischen entwickelt. Er hatte z. T. ältere und andere Voraussetzungen. Den totalen Herrschaftsanspruch des napoleonischen *Empire* wies England entschieden zurück.
Dem Ideal des englischen Adels entsprach ein stilvolles Leben in vornehmen Villen und Landhäusern. *Andrea Palladio* (1508–1580) hatte dafür in seinen oberitalienischen Villen vorbildliche Lösungen gefunden, die auf

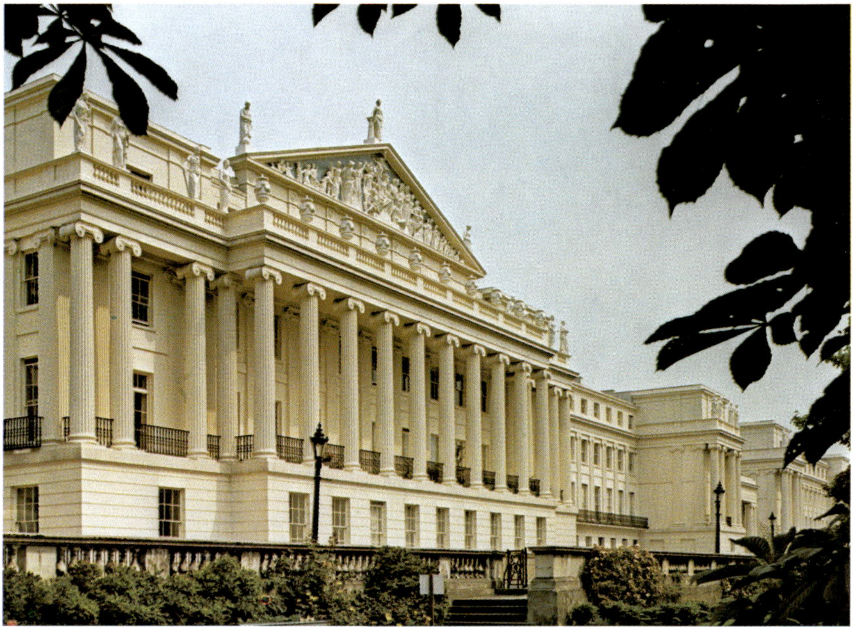

Der englische Architekt *John Nash* war ein hervorragender Meister eines vornehm-eleganten *Klassizismus,* wie hier an den 1811–1825 errichteten Palästen der *Cumberland Terrace* in der reichen Weltstadt *London.* Ein Kennzeichen des englischen Klassizismus ist die traditionsreiche Verbindung von Architektur und umgebender Parkanlage.

ihre Weise als „klassisch" galten und im englischen Bereich gerne variiert und nachgeahmt wurden. Der *englische Klassizismus* ist daher ohne die Auseinandersetzung mit *Palladio* nicht denkbar. Die erhabene römische Monumentalität entsprach dagegen dem britischen Geschmack weniger. Es gibt eine Fülle bedeutender englischer Klassizisten und Bauwerke. Greifen wir als Beispiel den Architekten *John Nash* (1752–1835) mit seiner städtebaulich großzügigen Lösung der *Cumberland Terrace* in *London* heraus, so fällt als typisch die lichte Säulenstellung auf, die eher auf Palladio zurückgeht, als unmittelbar auf die Antike. In größerer Freiheit sind auch die Skulpturen verwendet und die Gesimse variiert.
Zeitgenössische englische Architekten, die sich enger an das klassische Vorbild hielten, waren *John Soane* (1753–1837), der 1788–1825 die *Bank of England* erbaute, *William Wilkins* (1778–1839) mit der *National Gallery in London* und mehreren Bauten in *Cambridge, Robert Smirke* (1780–1864) mit dem *British Museum in London,* 1823–1847, und *Thomas Hamilton* (1784–1858).

Auch im europäischen *Norden* und im *Ostseeraum* entstanden zahlreiche *klassizistische Bauwerke,* da die monumentalen Formen dieses repräsentativen Stils sich für die verschiedensten Aufgaben eigneten, Kirchen, Rathäuser, Parlamente, Börsen, Museen, Paläste.

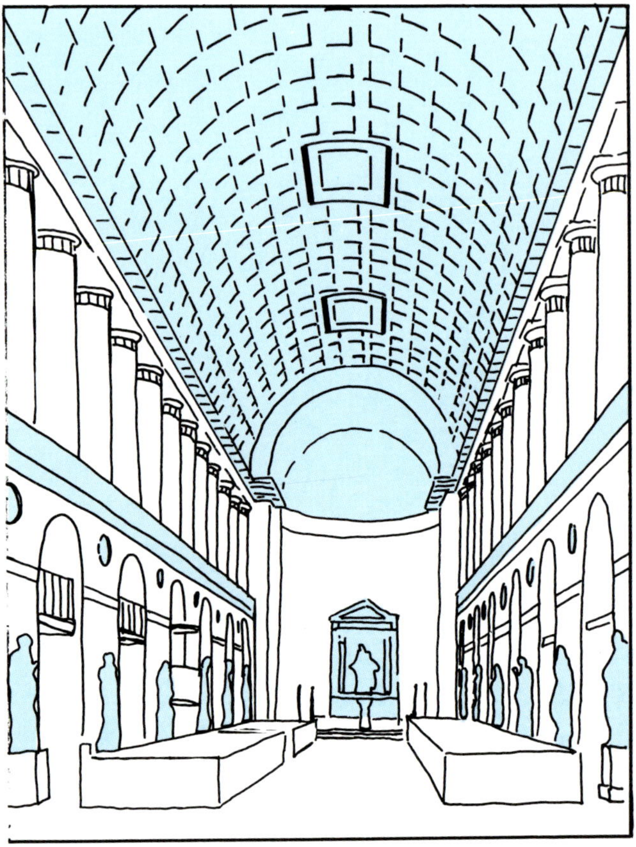

Der *europäische Klassizismus* weist bei aller inneren Verwandtschaft in den einzelnen Ländern doch bestimmte, merkliche Unterschiede auf. Den Skandinaviern des protestantisch-nüchternen Nordens kamen die kühlen, klaren Formen des Klassizismus besonders entgegen. Der Hauptmeister des *dänischen Klassizismus,* der Architekt *Christian Fredrik Hansen* (1756–1845), sammelte durch Studienaufenthalte in Italien und Deutschland umfassende Erfahrungen und gewann als Direktor der Akademie in *Kopenhagen* großen Einfluß. In den Jahren 1811–1829 erbaute er in der dänischen Hauptstadt die monumentale *Vor Frue Kirke,* deren Skulpturenschmuck der berühmte klassizistische Bildhauer *Bertel Thorvaldsen* übernahm.

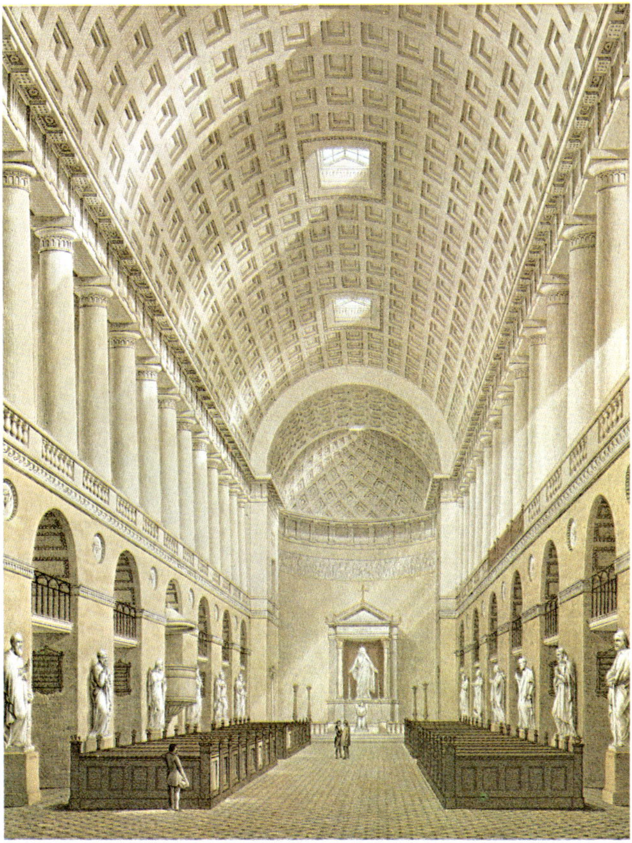

Der dänische Architekt und Hauptmeister klassizistischer Baukunst, *Christian Fredrik Hansen,* erbaute 1811-1829 die protestantische Hauptkirche seiner Heimatstadt *Kopenhagen, Vor Frue Kirke,* in Art einer tonnengewölbten römischen Basilika.

Zu den skandinavischen Klassizisten, die außerhalb ihrer Heimat Ansehen errangen, gehörten die Brüder *Hans Christian Hansen* (1803-1883) und *Theophil v. Hansen* (1813-1891). Sie pflegten die klassizistische Tradition noch in der 2. Hälfte des 19. Jahrhunderts. Ein prominentes Beispiel für dieses Weiterleben des Klassizismus ist das *Parlament* in *Wien,* das *Theophil von Hansen* 1873-1883 in griechischen Formen, wie einen erhabenen klassischen Tempel, errichtete.
Ein weltberühmtes und oft nachgeahmtes Bauwerk des Klassizismus in den Vereinigten Staaten von Amerika ist das *Kapitol* in der Bundeshauptstadt *Washington,* das 1793 begonnen und mehrfach erweitert wurde.

Der *Klassizismus* hat eine auffallende Zuneigung zu allem Grundsätzlichen, Monumentalen und Ewigen. Er widmete sich daher mit Vorliebe repräsentativen *Grabmälern* und *Mausoleen*. Die *Pyramide* galt schon den *Ägyptern* als Symbol des ewig Bestehenden, und wurde so auch von den Römern und wiederum vom Klassizismus übernommen.

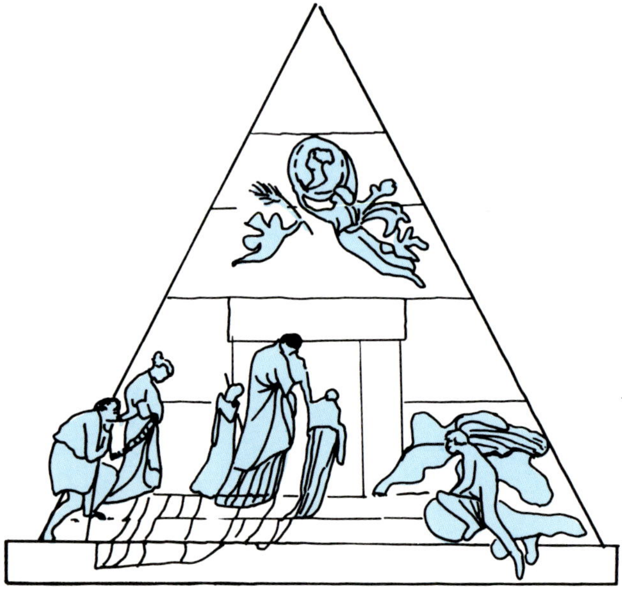

Die Skulptur

Aus der *Antike* sind – im Gegensatz zu der weitgehend verlorenen Malerei – unzählige Werke der *Bildhauerkunst* überliefert. Ein Großteil kam erst durch archäologische Ausgrabungen in der Neuzeit wieder zu Tage, doch waren in den großen fürstlichen und päpstlichen Sammlungen seit der *Renaissance* zahlreiche berühmte klassische Meisterwerke überliefert. Weniger die klassische *griechische* Bildhauerei als vielmehr die *römische* mit ihrem spezifischen Realismus diente dem *Klassizismus* als Vorbild.

Für die Römer des Altertums hatte bereits die *Skulptur* vornehmlich die Aufgabe, dem eigenen Prestige und Nachruhm zu dienen. Diese absichtsvolle, für die Öffentlichkeit bestimmte Wirkung kam den Tendenzen des Klassizismus entgegen. Sowohl die Verfechter der Französischen Revolution, als die Gefolgschaft Napoleons, als auch die auf Wiederherstellung ihrer Vorrechte be-

Die *Bildhauerei* des *Klassizismus* schätzte den kühlen, ungefaßten, weißen oder grauen *Marmor.* Zahlreiche Künstler des *Klassizismus* hatten ihre Ausbildung bereits zur Zeit des heiteren Rokoko erhalten. In ihren Werken bildet daher die Anmut der Figuren einen reizvollen Kontrast zu der strengen Gesetzmäßigkeit des neuen Stils.

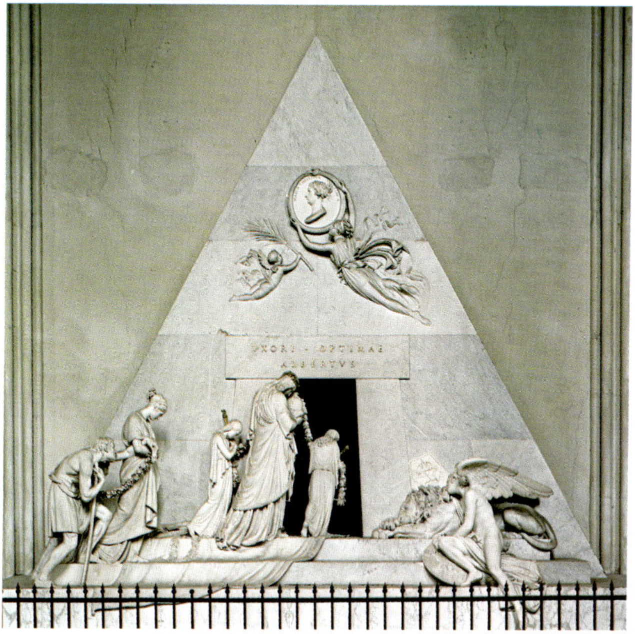

dachte *Restauration* des frühen 19. Jahrhunderts konnten daher die imposanten Formen der römischen Klassik für ihren jeweils eigenen *Klassizismus* verwenden.
Die *Skulptur des Klassizismus* ging grundsätzlich von der Vorstellung edler, *marmorweißer Bildwerke* aus. Die Tatsache, daß die Tempel und Statuen der Antike zum Teil farbig bemalt waren, wurde meist übersehen.
Dem Ideal des Klassizismus entsprach sowohl im Hinblick auf die *Form* als auf die *Farbe* das vermeintlich klassisch-griechische Ideal der „edlen Einfalt und stillen Größe". In radikaler Abwendung vom Schwung des Barock und dem Spiel des Rokoko forderte der Klassizismus auch auf dem Gebiet der Skulptur klassische Würde und Größe, Strenge der Komposition, eine neue Gesetzmäßigkeit und Bedeutung. Die jungen Künstler des Klassizismus studierten die römischen Skulpturen und zeichneten fleißig in den Akademien nach *Gipsabgüssen.* Alles Bizarre und Verspielte war jetzt verpönt, die Kunst sollte dem Anspruch auf Ewigkeitswert genügen.
In *Wien,* der ehrwürdigen Redidenz des Habsburger-

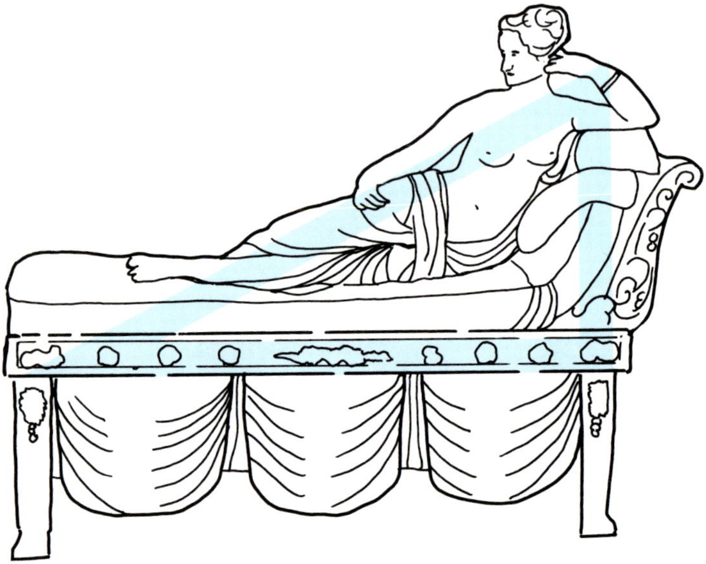

Kaiser Napoleon I. war als Emporkömmling besonders auf imposante künstlerische Verherrlichung bedacht. Der *klassizistische Empirestil* kam in seinem Herrschaftsbereich und in seiner Zeit diesem Anspruch überall bereitwillig entgegen.

reichs, überwog zwar die Tradition des katholisch geprägten Barock, doch geriet auch sie um 1800 in den Sog des Klassizismus. Der international berühmte italienische Bildhauer *Antonio Canova* (1757–1822) errichtete hier das *Grabmal der Erzherzogin Maria Christina* in Form einer ägyptischen *Pyramide* (S. 29).

Die klassizistische Kunst rechnet mit dem gebildeten Betrachter, der Verständnis für die *antike Symbolik* hat. Ein nackter, geflügelter Jüngling, der rechts am Grabe kniet, bedeutet den Genius des Todes, während weitere Genien das Bildnismedaillon der Verstorbenen über dem Eingang des Grabes emportragen. Die Anmut der Gestalten erinnert an den Charme des vergangenen Rokoko, während die Grundsätzlichkeit der Komposition dem neuen Ernst des zeitgemäßen Klassizismus entspricht.

Der vielseitige Bildhauer *Canova* war in der Lage, dem Geschmack seiner vornehmen Auftraggeber, je nach Aufgabe, schmeichelhaft entgegenzukommen. Im päpstlichen *Rom* schuf er das monumentale *Grabmal für Papst Clemens XIV.*, doch ebenso die frappierende Darstellung

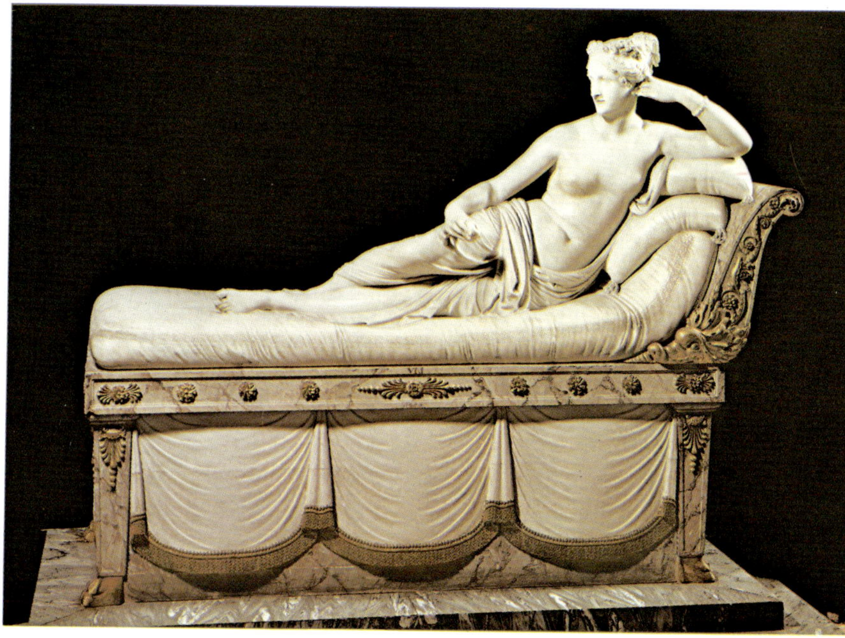

Napoleons Schwester *Maria Paolina* war mit dem römischen Fürsten Camillo *Borghese* verheiratet. Als dieser zum Herzog von Napoleons Gnaden erhöht wurde, stellte der Bildhauer *Canova* die junge Herzogin, 1805-1807, schmeichelhaft idealisiert als vornehm-klassische Römerin dar.

der Napoleonsschwester *Paolina Borghese als ruhende Venus,* 1805, Rom, Galleria Borghese. In dieser klassizistischen Skulptur kommen typische Wesenszüge des napoleonischen *Empire-Stils* zum Vorschein. Die makellose Nacktheit der gefeierten Schönheit wird klassisch stilisiert. Das römische Prunkbett, auf dem die Göttliche liegt, erhöht ihren Rang, ist jedoch fast wichtiger als sie selbst. Komposition, Körperbau, Faltenwurf, Haltung und Frisur entsprechen dem erhabenen klassizistischen Ideal, während auch hier in der Feinheit der Ausführung die frühere Schulung am Geschmack und Charme des Rokoko nachklingt. Die dezente Vergoldung am imitierten Beschlag und Ornament der Liegestatt steigert den Eindruck überirdischen Glanzes. Die Vorliebe für würdige Draperien, metallisch präzise, klassische Ornamente – *Rosetten, Palmetten, Voluten, Girlanden* – kommt an den *Möbeln des Klassizismus* häufig vor.
Repräsentiert der Italiener *Canova* eine anspruchsvolle, raffinierte Hofkunst, so geht der Däne *Bertel Thorvaldsen* (1768–1844) von idealistischeren Vorstellungen aus.

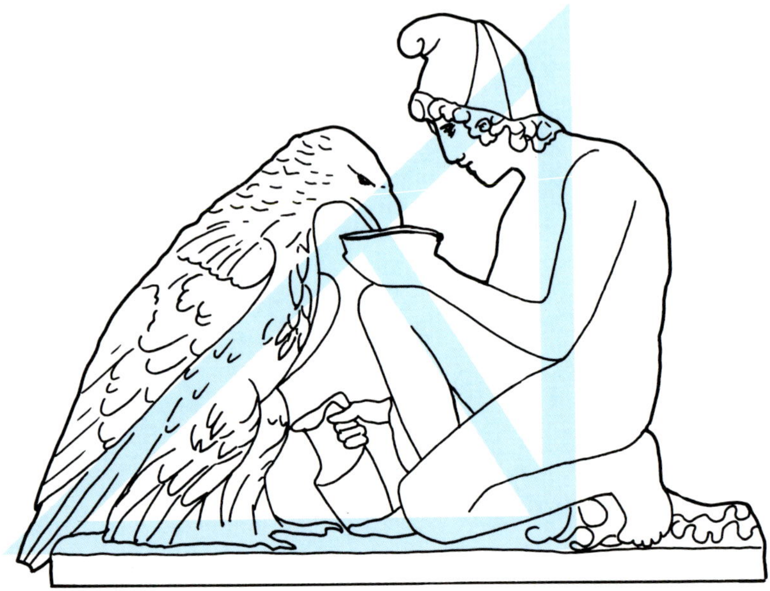

Die humanistische Beschäftigung mit der *Antike,* mit Philosophie, Kunst und Kultur der Griechen und Römer, war seit der Renaissance ein Vorrecht der Gebildeten. Die Kenntnis der antiken *Mythologie* war ihnen selbstverständlich. Der *Klassizismus* teilte diese idealistische Neigung.

Früh kam er aus Kopenhagen nach *Rom,* wo er in den Jahren 1820–1838 zum bewunderten Mittelpunkt eines Kreises ausländischer Künstler und Kunstfreunde wurde. Weit ausschließlicher als etwa Canova nahm er sich die *klassische griechische Kunst* zum Vorbild. Das Ideal, dem er nacheiferte, war der puristisch bereinigte Schönheitskanon des *Praxiteles.* Die Ergebnisse sorgfältiger *Naturstudien* wurden anhand antiker Skulpturen stilistisch geläutert. Berühmt ist seine Marmorgruppe *Ganymed mit Jupiters Adler,* die mit formaler Strenge nach dem Prinzip der Pyramide aufgebaut ist. In klassischer Nacktheit kniet der Göttermundschenk vor dem Adler des Gottes, dem er aus einer Schale einen Trunk reicht. Die Proportionen des Körpers, wie auch der Gesichtsschnitt des edlen Jünglings – mit ebenmäßig gerader Nase – entsprechen dem klassischen *Kanon.* Die phrygische Mütze ist mit pedantischer Sorgfalt geglättet. Ein Wesenszug dieser formschönen Kunst ist ihre absichtsvolle Reinheit, die zugleich hohen moralischen Ansprüchen genügen soll. Die erzieherische Absicht des Klassizismus ist auch hier

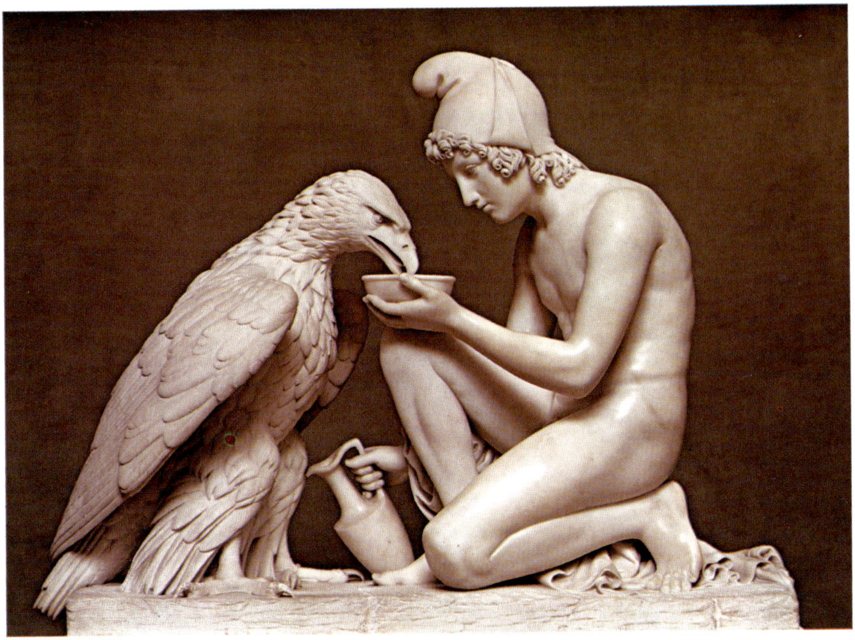

unverkennbar. Der seelisch und körperlich untadelige Mensch wird zum Ideal.

Mit ruhiger Überlegung sind die Gewichte der Komposition verteilt, auf der einen Seite die natürliche Kraft und Wildheit des Tieres, auf der anderen gegenüber die kultivierte Glätte des idealen Menschen.

Soweit die klassizistische Kunst dem Auftrag diente, Werke hervorzubringen, die den humanistischen Bildungsidealen der Zeit entsprachen, konnte sie auf den unerschöpflichen Vorrat der antiken *Mythologie* und Götterwelt zurückgreifen, wie es schon die vorhergehenden Epochen seit der Renaissance immer wieder und mit großer Virtuosität getan hatten. Noch immer wurde den Fürsten und Vornehmen dadurch gehuldigt, daß man sie als antike Gottheiten, als Helden oder Schönheiten darstellte, wenn jetzt auch unter exakter Berufung auf die klassischen Vorbilder. Typisch für die Zeit revolutionärer Umwälzungen ist jedoch das deutliche Streben nach *Legitimation,* nach Bestätigung der eigenen Würde und Wichtigkeit. Das Kunstwerk wird zum erzieherischen Vorbild.

Der Däne *Bertel Thorvaldsen,* der berühmteste *klassizistische Bildhauer* seiner Zeit, schuf die marmorkühle Figurengruppe *Ganymed mit Jupiters Adler.* Die griechische Sage erzählt, der schöne Knabe sei von Jupiters Adler zum Olymp emporgetragen worden, um dem Göttervater als Mundschenk zu dienen. Der Klassizist bevorzugt den Aufbau in *Pyramidenform.*

Die Götter Griechenlands waren das Ideal des *Klassizismus,* der sie jedoch in selbstherrlicher Weise zu moralisch völlig reinen Wesen stilisierte. Sie stehen marmorweiß und überirdisch vor uns. Diese Gottesvorstellung ließ sich auch auf das lang nachwirkende *Christusbild* des Klassizismus übertragen.

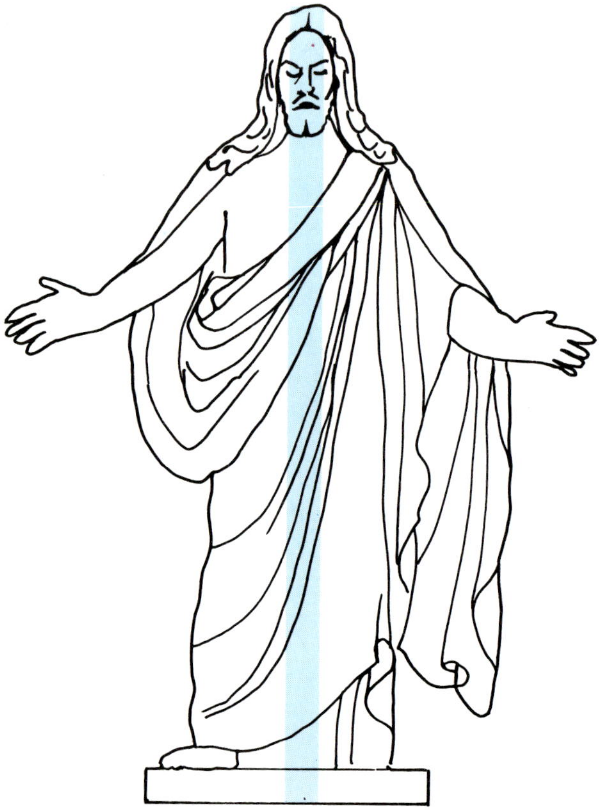

Problematischer für den *Klassizismus* war die Bewältigung christlicher Themen, für die zwangsläufig in der antik-heidnischen, klassischen Kunst die Vorbilder fehlten. Der große Klassizist *Thorvaldsen* löste, in seine Heimatstadt *Kopenhagen* zurückgekehrt, auch diese Aufgabe meisterlich. 1839 schuf er für *Kopenhagens* protestantische Hauptkirche, die von *Hansen* erbaute *Vor Frue Kirke,* die bildhauerische Ausstattung, deren Mitte der monumentale *Christus* einnimmt. Mit segnend ausgebreiteten Händen steht, wie ein römischer Imperator, der christliche Erlöser vor den Gläubigen. Dieses marmorkühle, überirdische Christusbild im Gewand des antiken Philosophen entsprach bestimmten protestantischen

Thorvaldsen schuf die bildhauerische Ausstattung der protestantischen *Vor Frue Kirke* in *Kopenhagen.* Die zentrale Hauptgestalt ist der segnende *Christus,* der in ebenmäßiger Schönheit und in antikem Gewand als Auferstandener dargestellt ist.

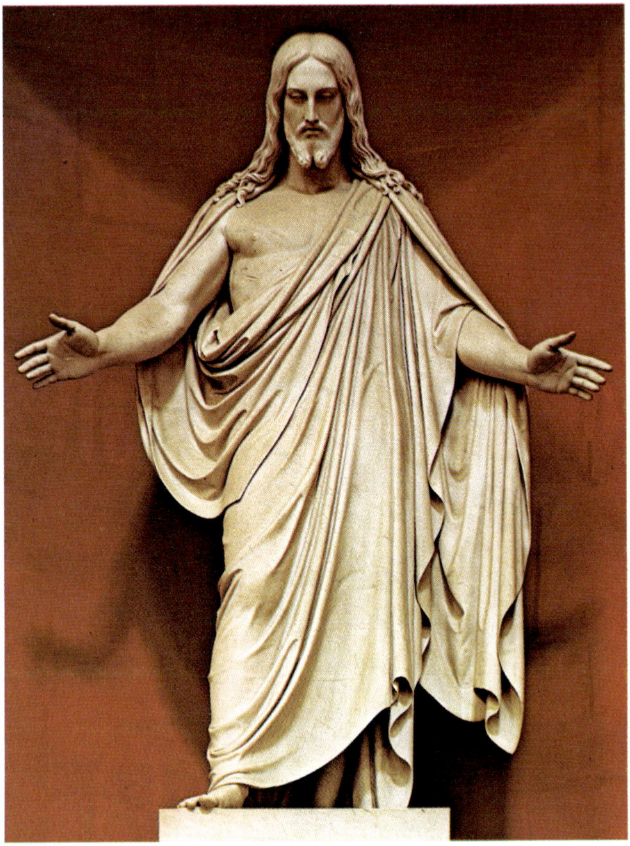

Glaubensvorstellungen dieser und der folgenden Zeit. Die Proportionen der Monumentalfigur sind sorgfältig ausgewogen, das längsovale Gesicht ist streng symmetrisch gebaut, bis zum zweigeteilten Bart; naturalistische Details, wie die Wundmale und die Handlinien fehlen nicht. Diese abgeklärte Darstellung des Gottessohnes, die ihn eher als antiken Philosophen, denn als Religionsstifter und leidenden Erlöser zeigt, entsprach den Vorstellungen des bildungsbewußten, aufgeklärten, liberalen Bürgertums. Die *christliche evangelische Kirche* des Klassizismus erhält aufgrund ihrer klassischen Proportionen und der antikisierenden Ausstattung entsprechend den Charakter der Weihestätte.

Die *Bildhauerei des Klassizismus* ging von bestimmten klassischen Schönheits- und Proportionsvorstellungen aus, die als vorbildlich galten. Die klassizistischen Bildhauer bevorzugten die Kombination schlichter Grundformen wie Block und Würfel, Kugel und Oval für ihre Kompositionen. Monumentalität war ein Hauptanliegen. Das strenge Grundprinzip wurde durch dekorative Zutaten belebt und bereichert.

Ein charakteristisches Merkmal für die Epoche des *Klassizismus* ist das Streben nach *Größe* auf allen Gebieten. Dieser Stil schätzt die monumentalen Proportionen, die großen Ideen und Gefühle, die großen Menschen und Schicksale. Das Grundsätzliche, Vorbildliche, Gesetzmäßige soll überall anschaulich werden. Entsprechend bevorzugt die *Bildhauerei* des *Klassizismus geometrische* und *stereometrische Grundformen,* die in einer oft kühnen und kraftvollen Weise kombiniert werden. *Farbe,* die die ideale Reinheit dieser erhabenen Formen beeinträchtigen könnte, wurde gemieden und abgelehnt.

Im *deutschen Idealismus,* in Philosophie und Literatur der Zeit um 1800, sind zahlreiche Parallelen zu dieser *klassizistischen* Auffassung zu finden. *Friedrich von Schiller* (1759–1805), der deutsche Dichter und ewige Jüngling, war eine Leitfigur der Epoche. Der mit ihm befreundete schwäbische Bildhauer *Johann Heinrich Dannecker* (1758–1841) hat verschiedene Fassungen seiner *Schillerbüste* geschaffen. Typisch für den monumentalen Aufbau ist der würfelartige Sockel mit seinen geraden Kanten, der dem Kunstwerk architektonische Größe verleiht, während der Kopf die Grundform des Ovals über dem zylindrischen Hals variiert. Die symmetrisch ornamental angeordneten Haare sind eine schmückende Zutat.

Zahlreiche bedeutende Bildhauer gehören stilistisch dem *deutschen Klassizismus* an. In *Berlin* arbeitete als Hauptmeister *Johann Gottfried Schadow* (1764–1850). Bei einem Studienaufenthalt in *Rom* schloß er Freundschaft mit *Canova.* Wie jener vereint er hohe Gesinnung mit lebensnaher Anmut. Er schuf zwischen 1789 und 1793 die *Quadriga auf dem Brandenburger Tor* zu *Berlin.* Vortreffliche Beispiele der Kunst jenes preußischen Klassizisten sind auch das *Grabmal des Grafen Alexander von der Mark* von 1790 und die Marmorgruppe der *Prinzessinnen Luise und Friederike von Preußen* von 1796/97. Sein großes Können als Porträtist offenbart sich in dem *Selbstbildnis* von 1794 und ebenso in der *Bildnisbüste Friedrich Gilly* von 1801.

Christian Daniel Rauch (1777–1857) war ein Schüler von *Schadow.* 1804–1811 studierte er in *Rom* die Skulptur der römischen Antike. In Berlin trat er die Nachfolge seines

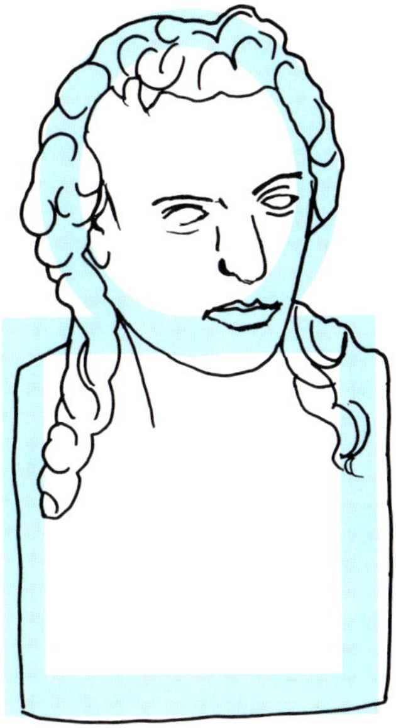

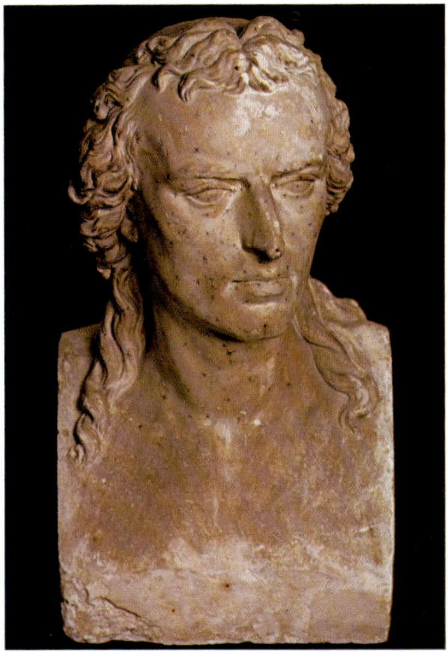

Der deutsche Dichter *Friedrich Schiller* entsprach mit seinem Idealismus und jugendlichen Pathos den Idealen des *Klassizismus.* Sein Freund, der Bildhauer *Johann Heinrich Dannecker* schuf 1794 diese *Schillerbüste.*

Lehrers an. Einerseits strebt er einen bedeutungsvolleren und monumentaleren Klassizismus an als *Schadow,* andererseits fehlte ihm dessen anmutige Bescheidung. Ein typisches Werk Rauchs ist *Adelheid von Humboldt als Psyche,* eine Marmorstatue von 1810, die für das Berliner Schloß Tegel bestimmt war. Die preziöse Haltung der Schönen ist mit Canovas römischer Göttin verwandt. Dem Wunsch nach zeitlos verklärter Schönheit entspricht dagegen Rauch's marmorner *Sarkophag der Königin Luise* von 1815.

Wie so oft entfaltete der Klassizismus hier sein höchstes Können im Dienste des Totengedenkens und der Verewigung.

In seinen späten Werken geht der Klassizismus häufig über die strenge klassische Form hinaus, denn andere vergangene Stile wurden nun als ebenbürtig empfunden und nachgeahmt; die Beschränkung auf das klassische Vorbild macht realistischen, schließlich gar neubarocken Tendenzen Platz. Zu dieser Übergangsstufe gehören *Ludwig Schwanthaler* in München, *Ernst Rietschel* in Dresden oder *Reinhold Begas* in Berlin.

Apotheose des Sieges

Die Bildhauerei des *französischen Klassizismus* hat als Erbe der Großen Revolution die Neigung zum mitreißenden Pathos und zum politischen Appell. Trotz leidenschaftlicher Anteilnahme bleibt der Bauplan der *klassizistischen Komposition* klar gegliedert und überschaubar.

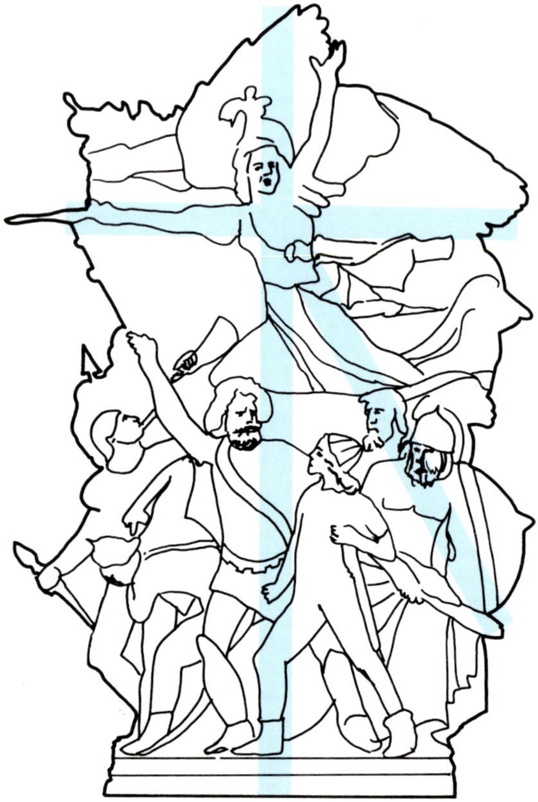

In *Frankreich* fand die klassizistische Bildhauerei ein weites Betätigungsfeld, vor allem in der Hauptstadt *Paris*. Die Giebelfelder der klassizistischen *Tempel* mußten nach antikem Vorbild mit plastischen Reliefs und Figurengruppen gefüllt werden. Häufig wurde die Vorstellung der antiken *Apotheose* gewählt. Typisch ist z. B. das von *Pierre Jean David d'Angers* (1788-1856) geschaffene *Giebelrelief des Pantheon zu Paris*. Um die während der Französischen Revolution säkularisierte Kirche zum Ruhmestempel umzugestalten, erhielt auch ihr Giebel 1830-1837 neue Skulpturen von allegorischer Bedeutung. Eine ähnliche Neigung zur *Allegorie* und zum großen, nationalen *Pathos* weist auch die bildhauerische Dekoration des *Arc de Triomphe* in *Paris* auf. Der Bildhauer *François*

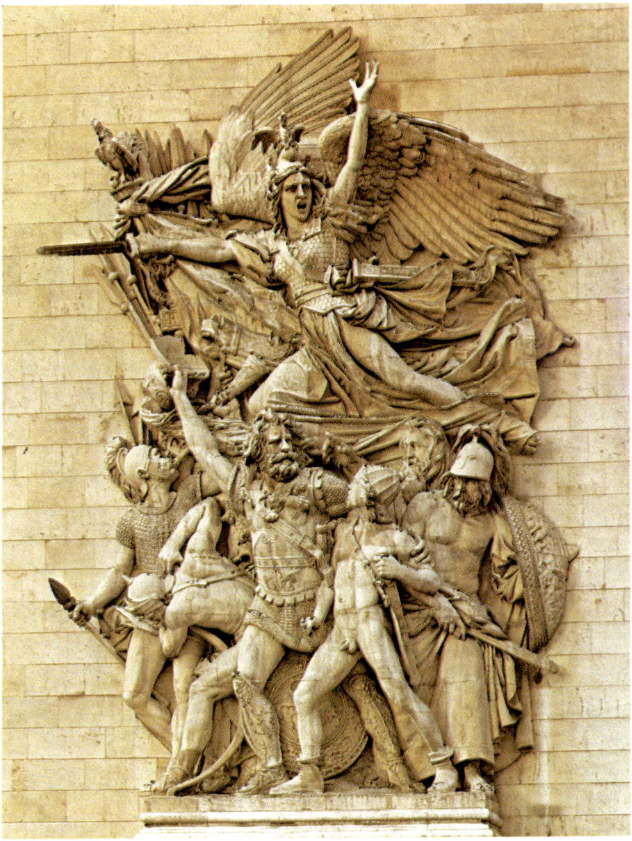

Am *Arc de Triomphe* in *Paris* hat der Bildhauer *François Rude* mit seinem Monumentalrelief *La Marseillaise* die vaterländischen Ahnen verherrlicht, die glorreich dem Ruf der Siegesgöttin folgten.

Rude (1784–1855) arbeitete in den Jahren 1833–1836 das monumentale Relief *La Marseillaise* für den Triumphbogen. Die weit überlebensgroße Figurengruppe zeigt eine todesmutige Schar heldischer Vorfahren, die begeistert dem Appell der geflügelten Siegesgöttin Folge leisten. Der Körperbau entspricht dem klassizistischen *Kanon,* die Details von Rüstung und Waffen sind mit historischem Eifer studiert und wiedergegeben, doch ist alles Beiwerk der großen Grundkonzeption unterworfen. Die klassizistische Vorliebe für das große Format und für ein erhabenes Pathos wirkte in der Bildhauerei des 19. Jahrhunderts lange nach. Sie war besonders geeignet für Ruhmesdenkmäler und vaterländische Monumente.

Das Kunstgewerbe des *Klassizismus* hat zahlreiche stilistisch typische Arbeiten hervorgebracht. Der Klassizismus tendiert zur grundsätzlich vereinfachten Form und klaren Zeichnung, sowie zu marmorkühler, klassischer Wirkung. Das klassizistische Idealgesicht zeigt im Profil eine hohe Stirn und die klassische Nase mit linealgeradem Rücken.

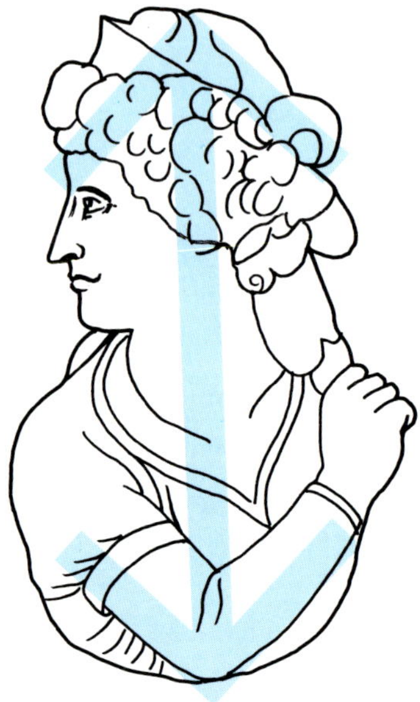

Der Bildhauerei des *englischen Klassizismus* ist aufgrund der selbständigen gesellschaftlichen und politischen Entwicklung des Inselreiches das große revolutionäre Pathos fremd. Dem britischen Ideal entspricht vielmehr vornehme Zurückhaltung und stilvolle Präsentation. Soweit in *London* das Bedürfnis nach öffentlichen Denkmälern für bedeutende Persönlichkeiten bestand, sind diese meist bescheidener als im Bereich der romanischen Kultur. *St. Cathedral* und *Westminster Abbey* in *London* nahmen im 19. Jahrhundert zahlreiche Ehrenmonumente großer Persönlichkeiten auf, die sich um die britische Nation verdient gemacht hatten. Der Klassizismus bot vornehme stilistische Lösungen, die der Bedeutung dieser Aufgabe würdig waren.

Klassizistische Elemente unterschiedlicher Art sind in der *Innendekoration* englischer Bauwerke und Landhäuser seit dem frühen 18. Jahrhundert häufig. Einer der ersten englischen Bildhauer, die sich um die Wiedererweckung des antiken, griechischen Geistes bemühten, war *John Flaxman* (1755–1826). In den Jahren 1787–1794

In *England* erzeugte die von *Josiah Wedgwood* gegründete Keramikmanufaktur eine Fülle von Steinzeug mit klassizistischem Dekor. Typisch ist das weiße Relief auf blauem Grund. Der Bildhauer *John Flaxman* war der führende Entwerfer. Er schuf auch dieses ovale *Porträtmedaillon* der Schauspielerin *Sarah Siddons,* 1784.

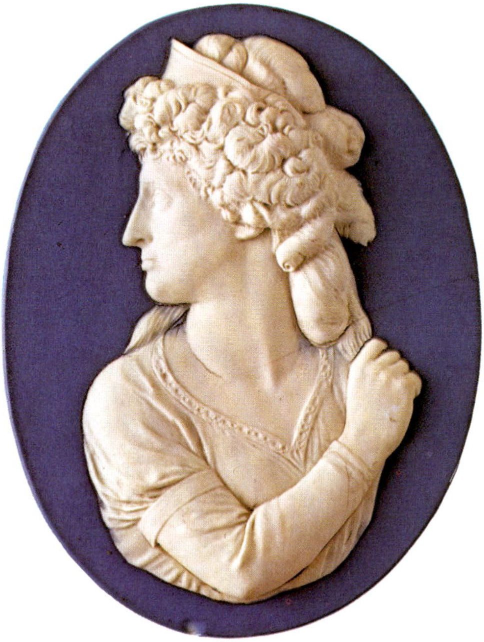

unternahm er Antikenstudien in Italien, ferner kannte er die *Vasenmalerei* der Griechen. Besondere Bedeutung gewann er durch seine Entwürfe für die Steinzeugmanufaktur *Wedgwood,* deren reinweißer Reliefdekor in reizvollem Kontrast zum blauen Hintergrund steht. Ein Beispiel dieser Kunst ist das abgebildete Porträtmedaillon einer berühmten Schauspielerin, von 1784. Diese Epoche begeisterte sich für die Philosophie und Gesinnung der Klassik und versuchte ihr bis hin zu Haltung und Kleidung nachahmend gerecht zu werden. *Flaxman,* der wie alle Klassizisten besonderen Wert auf klare Konturen und ausgewogene Proportionen legte, hinterließ auch typische *Umrißzeichnungen* zur *Ilias* und *Odyssee,* zu *Aeschylos* und *Hesiod* sowie zu Dantes *Göttlicher Komödie,* die als „klassisches" Vorbild galt. Überall wo klassizistische Kunst hervortritt, zeigt sich auch ihre Neigung zu antiker Mythologie und Einkleidung. Ließ sich auch der Geist der klassischen Vergangenheit nicht wieder beleben, so steigerte doch die Nachahmung des großen Ideals die Achtung vor der eigenen Leistung und Epoche.

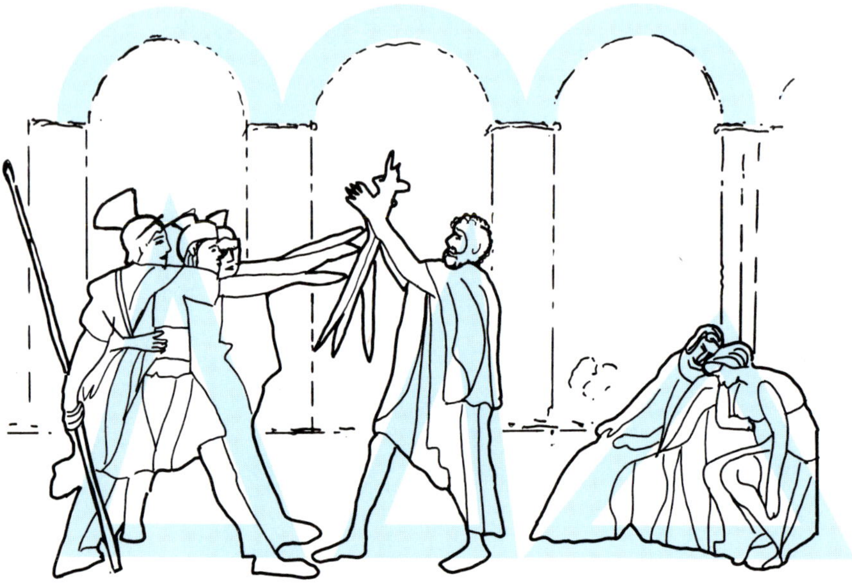

Typische Merkmale der *Malerei des Klassizismus* sind der übersichtliche Bildaufbau, die klare Zusammenfassung der Figuren und Gruppen zu festen, pyramidenartigen Grundformen, die bühnenhafte Anordnung und Beleuchtung, präzise Zeichnung, plastische Körperlichkeit und emailartig reine Farben in größeren Flächen.

Die Malerei

Bestimmte Grundprinzipien kommen immer wieder vor, so der schlichte, übersichtliche Bildaufbau, die demonstrative Betonung des Wesentlichen, der Rückgriff auf klassische Grundformen wie Dreieck, Pyramide, Quader, Kubus, die breit und fest gelagerte und gebaute Anordnung, Vorliebe für rechte Winkel und feste Vertikalachsen, kühle Farbigkeit in großen Flächen, zeichnerische Klarheit und plastische Körperlichkeit. Dieser übersichtliche plastische Aufbau wird durch geschmackvollen ornamentalen Dekor und realistische Details bereichert. Die Malerei des Klassizismus spiegelt eine Weltanschauung, eine moralisch anspruchsvolle Gesinnung. Der demonstrative und vorbildlich-lehrhafte Zug fällt wiederum auf, und die Kompositionen des Klassizismus wirken oft eigenartig gestellt, wie „lebende Bilder" oder Darstellungen eines erlesenen Panoptikums. Diese starre

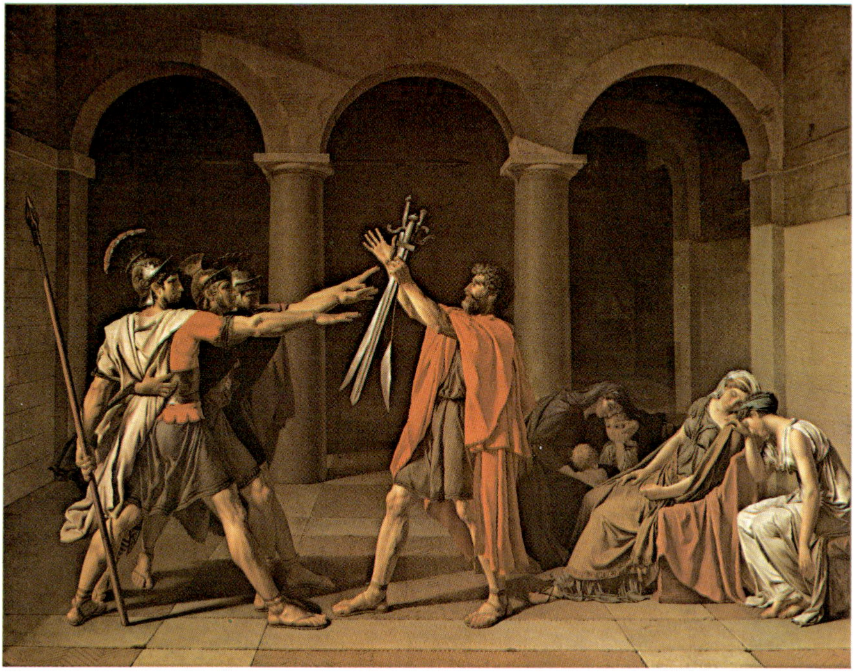

Der *Klassizismus* liebt das repräsentative *Pathos.* Der französische Maler *Jacques-Louis David* faßte 1784, kurz vor der Französischen Revolution, entsprechend den *Schwur der Horatier* zusammen. Der Römer in der Mitte hält auffordernd die Schwerter empor, worauf die zum Freiheitskampf entschlossenen Republikaner entschlossen den Eid leisten, während die Gruppe der Frauen und Kinder, rechts, noch ahnungslos im Schlummer liegt.

Haltung ist z. T. daraus zu erklären, daß die Maler des Klassizismus ihre Kompositionen nach sorgfältigen Modellstudien und unter Verwendung von Studienzeichnungen nach antiken Skulpturen, oder Gipsabgüssen, zusammenstellten. Die *klassizistische Kunst* hat immer ein theoretisches Fundament. Ihr liegt eine deutliche, propagandistische Absicht zugrunde. Die Figuren der klassizistischen Malerei wirken monumental, übermenschlich erhaben, sie sind Träger einer Idee.

Frankreich war nicht nur als Wegbereiter der Großen Revolution führend, sondern ebenso auf dem Gebiet der *klassizistischen Malerei.* Die für die Öffentlichkeit bestimmten und in Ausstellungen dem Publikum gezeigten Gemälde des späten 18. Jahrhunderts hatten aufgrund ihres kaum verborgenen politischen Appells eine mitreißende, revolutionäre Wirkung. In diesem Sinne ist der *Schwur der Horatier,* den der Franzose *Jacques-Louis David* (1748–1825) kurz vor der Französischen Revolution malte, ein typisches Beispiel. In der französischen

Die Grundsätzlichkeit des *Klassizismus* eignet sich hervorragend zur Darstellung großer Themen, und so zeigen die Meisterwerke der *klassizistischen Malerei* eine ebenso monumentale Gesinnung wie die Architektur der Epoche.

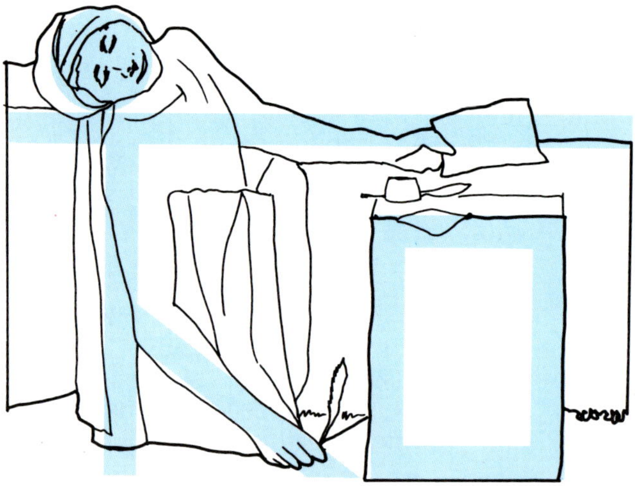

Hauptstadt *Paris,* die an das frivole Spiel des Rokoko gewöhnt war, schlug dieses klassizistische Frühwerk wie eine Bombe ein. Dargestellt ist, wie todesmutige römische Republikaner in nächtlicher Stunde feierlich den Schwur zur Befreiung des Vaterlandes leisten, während ihre Frauen und Kinder ahnungslos im Schlaf liegen.
Aufschlußreich und symptomatisch für jene leidenschaftliche Umbruchszeit ist auch der Lebensweg des Malers *David.* Er begann mit Genreszenen in der Art des heiteren Boucher, unternahm dann die übliche Studienreise nach Italien, wo er um 1775–1780 in den Bann der römischen Antike geriet. Zurückgekehrt nach Paris, wurde er ein begeisterter Anhänger der Revolution, erhoffte

Der französische Maler *Jacques-Louis David,* der an den notwendigen Sieg der Französischen Revolution glaubte, schuf in diesem, dem ermordeten Freiheitskämpfer *Marat* gewidmeten Bild aus dem Jahr 1793, ein eindrucksvolles Denkmal.

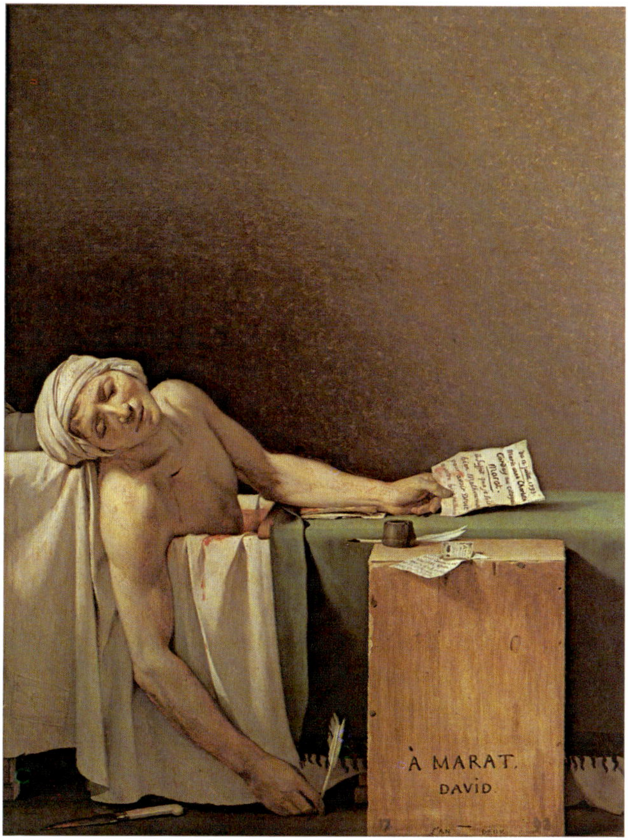

dann in Napoleon den Bringer des Goldenen Zeitalters. Er stieg zum Hofmaler des Imperators auf und floh nach dessen Sturz 1816 nach Brüssel, wo er nach wenigen Jahren im Exil verstarb.

1793 malte *J. L. David* den *Tod des Marat.* Klassizistisch ist wiederum die Monumentalität der Idee und des Aufbaus. Eingespannt in den Zwang endgültig starrer Formen ruht der Leichnam des ermordeten Revolutionärs. Das *Licht* fällt bühnenhaft grell auf die Szene. Klare *Zeichnung* und feste *Körperlichkeit* bestimmen die *Komposition,* während die *Farbe* zurückhaltend zu ruhigen Flächen zusammengefaßt ist. Die gegensätzliche Spannung löst tiefe Betroffenheit aus.

Wie schon die Antike und die Renaissance den Ruhm großer Persönlichkeiten feierten und dem *Porträt* besondere Aufmerksamkeit zuwandten, nahm auch der Klassizismus diese Tradition erneut auf. Das Individuum gewann im Rahmen gesetzmäßiger Grenzen neue Würde und Freiheit.

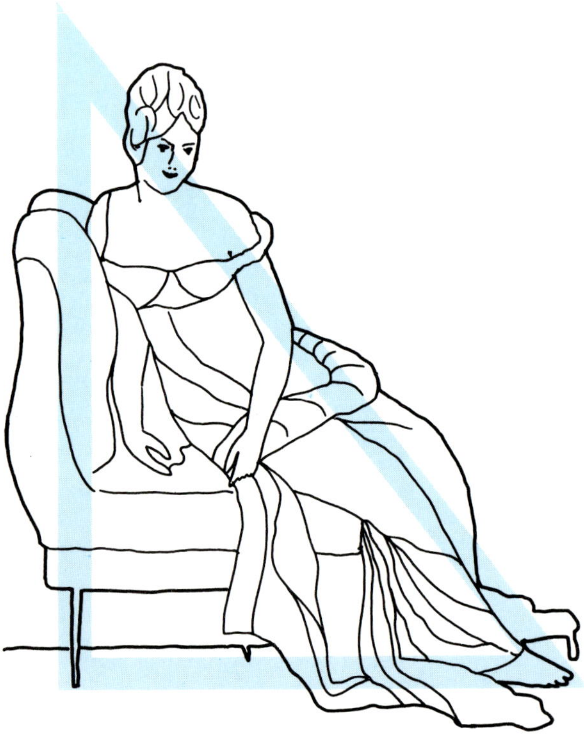

Ein hervorragendes Beispiel für die wirkungsvolle *Porträtkunst* des Klassizismus ist das *Bildnis Madame Récamier* das der David-Schüler *François Gerard* (1770–1837) 1802 in Paris malte. Die gefeierte Schönheit sitzt auf einem typisch klassizistischen Möbel der Zeit und ist nach der neuesten *Empire-Mode* gekleidet, deren Ideal eine würdevolle und doch „antikische" Natürlichkeit war.

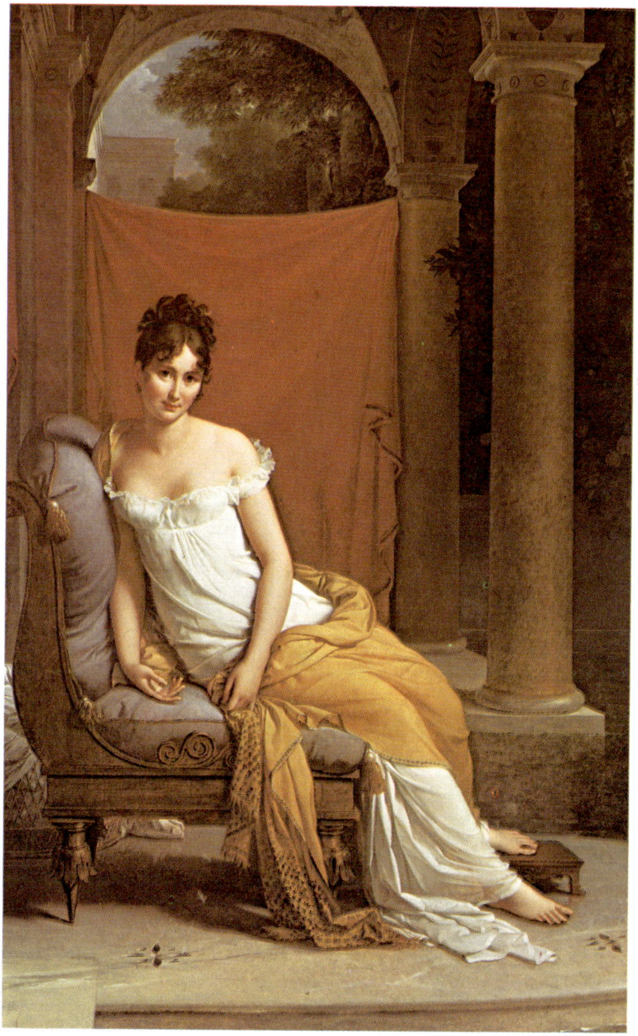

Madame Récamier in Paris war eine gefeierte Schönheit der napoleonischen Ära. Der Maler *François Gerard* stellte 1802 in ihrem ganzfigurigen Bildnis den Gegensatz zwischen der rechtwinklig geraden Umgebung und dem Charme der blühenden Frau reizvoll heraus.

Das Möbel und die Architektur sind rechtwinklig und rundplastisch aufgebaut, der Frauenkörper ist der Diagonale unterworfen, doch wird die strenge Gesetzmäßigkeit durch schwellende, organische Formen anmutig gemildert.
Ein Hauptmeister des französischen Klassizismus war *Jean-Auguste-Dominique Ingres* (1780–1867). Seine

Die *Maler des Klassizismus* entwickelten ihre Idealvorstellungen am Vorbild der antiken Skulptur und Architektur, da die klassische Malerei der Antike großenteils verloren war. Ihre Meisterwerke haben oft den Charakter gemalter *Skulpturen* oder „lebender Bilder", auch ist der großformatige *Pyramidenaufbau* häufig.

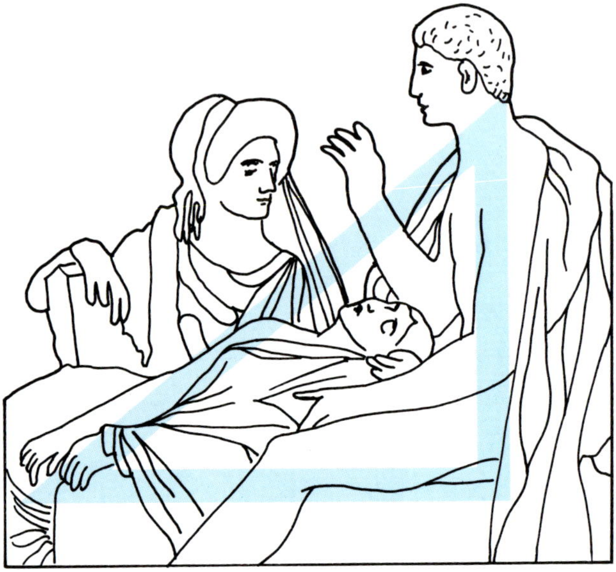

zeichnerisch klare Kunst galt lange Zeit als akademisches Vorbild.

Ingres trat 1796 in das Atelier von *David* in Paris ein, bildete sich 1806-1820 in Rom weiter und kehrte nach einem anschließenden vierjährigen Florenzaufenthalt in die französische Hauptstadt zurück. Sein Ruhm als Haupt der klassizistischen Malerei war unbestritten, so daß er 1834-1841 erneut nach Rom, als Leiter der Französischen Akademie, entsandt wurde. Ingres war ein außerordentlich produktiver Maler, der zahlreiche mythologische Themen bearbeitete, jedoch auch als Porträtist sehr geschätzt war.

Sein Idealbild aus der altrömischen Geschichte *Tu Marcellus eris* von 1819 beschränkt sich auf eine klassisch schlichte Dreiergruppe, die den Anschein gemalter Skulpturen erweckt. Dargestellt sind der römische Imperator *Augustus,* seine schlummernde Frau *Livia* und seine Schwester *Octavia,* die über die Äneis des Dichters Vergil nachsinnen, in der von der ruhmreichen Vergangenheit und künftigen Größe *Roms* die Rede ist. Solche klassizistischen Darstellungen waren für ein gebildetes Publi-

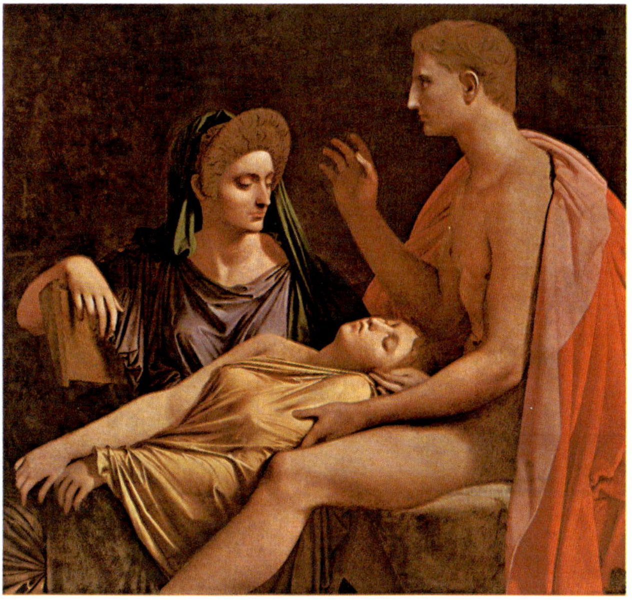

Der Franzose *Ingres,* der präzise Zeichnung, exaktes Modell- und Antikenstudium, vornehme Haltung, klassische Themen und eine kühle, reine Farbigkeit bevorzugte, wurde zum bedeutenden akademischen Vorbild. Er schätzte klassische Themen aus der römischen Antike, wie diese Traumvision künftiger Größe *Tu Marcellus eris.* 1819.

kum bestimmt, das mit der humanistischen Überlieferung der Antike vertraut war. Das alte *Rom* bot sowohl wahlweise Vorbilder für die republikanisch-revolutionäre Gesinnung als auch für das kaiserliche Mäzenatentum eines Augustus.

Ingres schuf thematisch verschiedene Bilder aus den Bereichen Mythologie, Geschichte und Gegenwart. Seine souveräne Stilisierung ist für die Öffentlichkeit bestimmt. Das Prinzip des guten Geschmacks, des Anstandes und der Sittlichkeit wird stets gewahrt. Religiöse Themen stehen für Ingres, wie für viele seiner Zeitgenossen, nicht an erster Stelle. Auch sie werden dem antikisierenden Pathos des Klassizismus unterworfen. Eine humanistische Bildung aufgeklärter Bürger schien den Klassizisten oft wichtiger als die herkömmliche Religion.

Die Bedeutung des von geistigem Feuer durchdrungenen „Neuen Menschen“ der nach-revolutionären Epoche kommt in den *Porträts* von Ingres und seiner Zeitgenossen überzeugend zum Vorschein.

Ein weiteres Beispiel für das Kunst- und Bildungsideal des Klassizismus, die unlösbar miteinander verbunden sind,

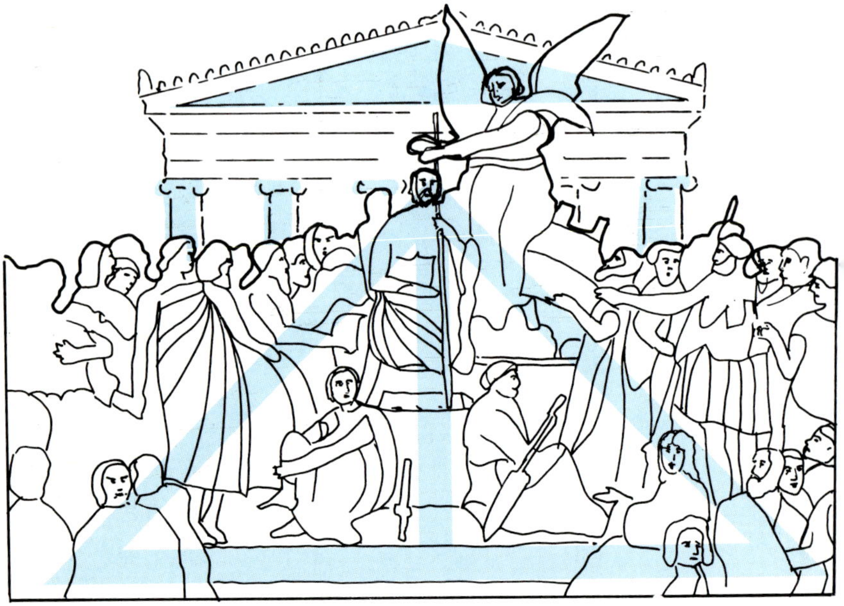

Das Bürgertum löste nach der Großen Revolution und dem Empire Napoleons die absolutistische Adelsherrschaft ab. Es schätzte als Bestätigung der eigenen Bedeutung die würdige Zurschaustellung seiner hohen Bildungsideale, die sich am klassischen Vorbild orientierten. Kunst wurde zum bürgerlichen Religionsersatz.

ist die *Apotheose Homers,* die *Ingres* 1827 malte. Mit künstlerischer Freiheit versammelt der Maler um die thronende Zentralfigur des antiken Dichters die Geistesgrößen des Abendlandes zur Huldigung. Ein geflügelter Genius hält die Dichterkrone über den Vater der abendländischen Poesie, dem *Ilias* und *Odyssee* als kostbares Gemeingut aller Gebildeten zu verdanken sind. Um den Geistesheroen haben sich allegorische Frauengestalten und historische Persönlichkeiten versammelt. Mit akademischer Gelehrsamkeit sind die Kostüme historisch korrekt wiedergegeben, von den alten Römern bis zu Dante und Voltaire. Diese Malerei ist für die öffentliche Ausstellung und Betrachtung bestimmt. Das bürgerliche, großstädtische Publikum fand darin Bestätigung seiner Ideale und seines Wissens. Der *Klassizismus* war eine große Zeit der Museen und Sammlungen, der Geschichtsforschung, der Bildungseinrichtungen wie Schulen, Universitäten, Akademien, Bibliotheken. Kunst wurde für die bürgerliche Gesellschaft des 19. Jahrhunderts weitgehend zum Religionsersatz, man ging in die „Tempel der Kunst“ wie zu einem Gottesdienst und fand dort Er-

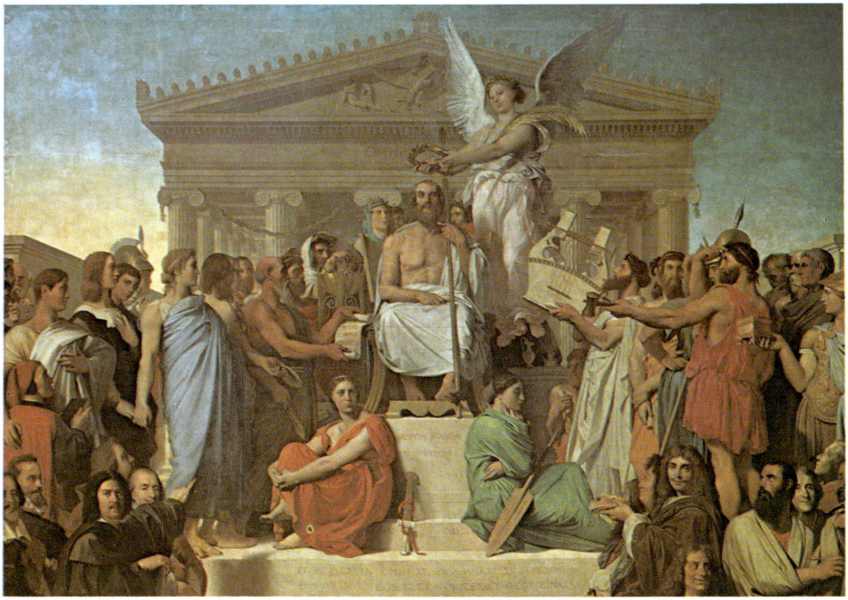

Jean Auguste-Dominique Ingres malte im Jahr 1827 die *Apotheose Homers*. Um den größten griechischen Dichter des Altertums, Homer, haben sich sinnbildlich die Kulturheroen des Abendlandes zur Huldigung versammelt. Die *klassizistische* Komposition ist streng symmetrisch aufgebaut. Die ionische Tempelkulisse im Hintergrund bekräftigt den kultischen Charakter.

bauung. Die Kunstwerke des Klassizismus bestätigen diesen Befund.

Wie der deutsche Dichter *Friedrich von Schiller* forderte, das *Theater* müsse seiner Bildungsaufgabe als „moralische Anstalt“ gerecht werden, so waren sich die Künstler und Zeitgenossen der Epoche des Klassizismus darüber einig, daß die Kunst der erhabenen Aufgabe der Bildung einer neuen, zukunftsorientierten Gesellschaft dienen müsse. Der gemalte Tempel im Hintergrund der *Apotheose Homers* kündet genauso von dieser idealistischen Forderung wie die zahlreichen gebauten klassizistischen „Tempel“ in allen Städten Europas.

Während der *französische Klassizismus* von der in Frankreich traditionellen Neigung zu Klarheit, Vernunft, repräsentativer Größe ausgeht, hat der *deutsche Klassizismus* zum Teil wieder andere, eigene Voraussetzungen und eine andere Ausprägung. Er ist weniger erhaben, übermenschlich und kühl, sondern betont vielmehr die gefühlvollen und unterschwellig *romantischen* Züge.

Johann Joachim Winckelmann (1717–1768) war der große Bahnbrecher des klassizistischen Interesses für die An-

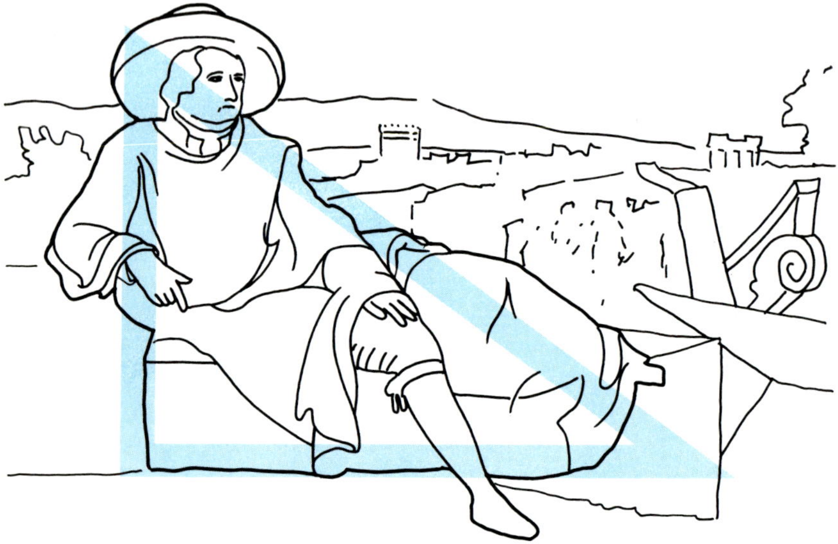

Der anspruchsvolle *französische Klassizismus* stellt in seiner strengen Ausprägung Theorie, Abstraktion und Idealität höher als die greifbare Wirklichkeit, während der „weichere“ *deutsche Klassizismus* zum Teil eine Beimischung lyrischer Innerlichkeit und romantischer Naturliebe aufweist.

tike, doch Griechenland stand bis um 1830 noch unter der Herrschaft der Türken und war daher für kunstinteressierte Fremde noch kaum zugänglich. So blieb Italien wie bisher das bevorzugte Ziel aller Altertumsfreunde. *Johann Wolfgang von Goethe* (1749–1832), den die Antikenbegeisterung Winckelmanns wesentlich beeindruckt hatte, unternahm 1786–1788 seine Italienreise, „das Land der Griechen mit der Seele suchend.“ Er fand dort, angesichts einer lebendigen antiken Überlieferung und der heroischen Landschaft die Bestätigung seines eigenen Wollens und den Ansporn zu tieferer Auseinandersetzung mit dem Geist der klassischen Antike.
Der deutsche Maler *Johann Heinrich Wilhelm Tischbein* (1751–1829) malte 1786 das berühmte Bild *Goethe in der römischen Campagna.* Der große Dichter ist in diesem klassizistischen Idealbildnis in einer römischen Landschaft dargestellt, die von den Trümmern und Ruinen der großen, antiken Vergangenheit erfüllt ist. Sein ganzes Wesen ruht gewissermaßen auf monumentalen klassischen

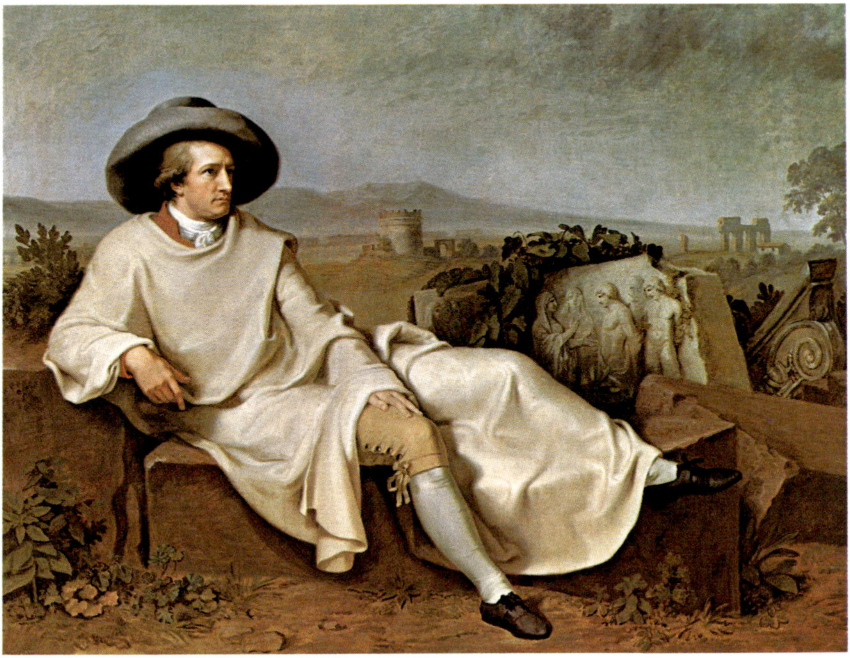

Das *Idealporträt* des größten deutschen Dichters, *Johann Wolfgang von Goethe* von *Johann Heinrich Wilhelm Tischbein,* das ihn 1786 in Italien, umgeben von den antiken Ruinen der römischen Campagna zeigt, hat trotz des großformigen klassizistisch-harmonischen Aufbaus im Ausdruck romantische Züge: Sehnsucht, Vergangenheitsbetrachtung, Naturverehrung.

Fundamenten. Alles an dieser baumeisterlichen Darstellung, die klassische Komposition mit der einleuchtenden Dreiecks- und Diagonalbetonung, die souveräne Haltung, die antikische Reisekleidung, die Proportionen, zeigen den Dichter als wiedergeborenen Freund und Verehrer der klassischen Antike. Sinnend schaut er über das verpflichtende Erbe der Römer hinweg in die Ferne. Dem Klassizismus geht es stets um das Vorbildliche und Bleibende, um Maß und Ideal. Die Größe der Auffassung, die Beschränkung auf wenige Grundformen, die Betonung der Einmaligkeit ließ diese Kunst besonders für die Schaffung von Denkmälern aller Art und lehrreichen Vorbildern geeignet erscheinen.

Die Sehnsucht der Künstler des Nordens nach dem klassischen Süden, nach *Italien,* ist weit älter als der Klassizismus, erlebte jedoch um 1800 einen neuen Aufschwung. In der Umbruchszeit der Französischen Revolution und der napoleonischen Kriege fanden zahlreiche Künstler aus dem Norden Zuflucht in der Ewigen Stadt, *Rom.*

Die *klassizistische Malerei* wählt in ihrem Bestreben nach imposanter Größe häufig als Kompositionsprinzip das *Dreieck* bzw. die *Pyramide.* Dieser architektonischen Grundform werden mit sicherem Geschmack dekorative Elemente und realistische Details hinzugefügt, wodurch die Darstellung Anmut und Leben gewinnt.

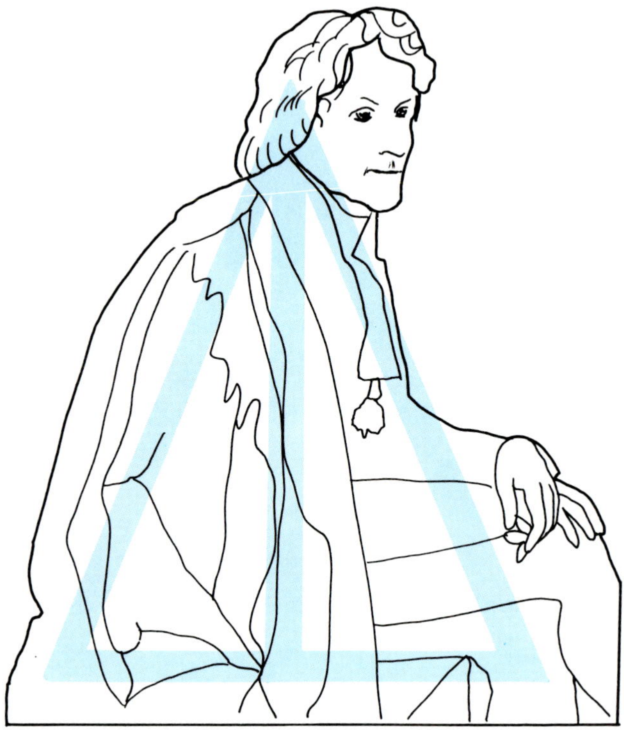

Die kunstbegeisterten jungen Ausländer scharten sich um ältere, bereits anerkannte Meister und um wohlhabende Mäzene. Viele dieser Künstler mußten mit bescheidenen Stipendien auskommen, und lebten unter drückenden äußeren Umständen, die im Gegensatz zu ihren hohen Idealen standen.

Der dänische Bildhauer *Bertel Thorvaldsen* (1768–1844), der von 1797–1838 in Rom lebte, war ein hochverehrtes, allgemein geschätztes Vorbild. Neben dem Italiener *Canova* galt er als der größte Bildhauer des Klassizismus. Er studierte die überlieferten Meisterwerke der Antike, um daraus die Gesetze für die Kunst der eigenen Zeit herzuleiten. Seine idealistische Auffassung betonte den Umriß der Formen und strebte nach geistiger Reinheit, damit kam sie dem Zeitgeschmack besonders entgegen.

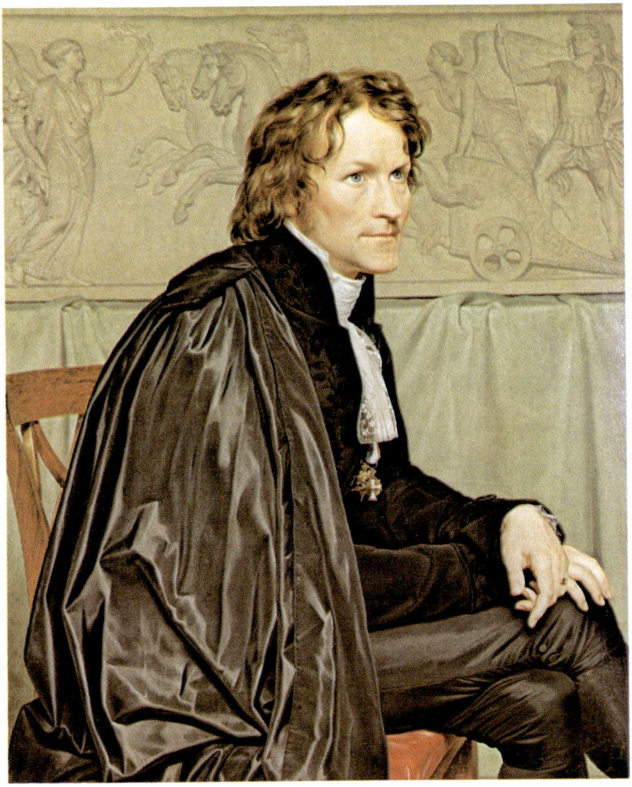

Die Verherrlichung und Verewigung großer Persönlichkeiten war ein wichtiges Anliegen der Epoche des *Klassizismus.* Der dänische Klassizist *Christopher Wilhelm Eckersberg* malte im Jahr 1814 das Bildnis seines berühmten Landsmannes *Bertel Thorvaldsen,* der als klassizistischer Bildhauer in *Rom* Künstler und Kunstfreunde um sich scharte.

Sein Landsmann *Christopher Wilhelm Eckersberg* (1783–1853) hat im Jahr 1814 den berühmten Bildhauer porträtiert. Thorvaldsen sitzt in dezenter Eleganz und entspannt-vornehmer Haltung auf einem schlichten *Empire-Stuhl.* Die dunkle Kleidung und der angedeutete Orden weisen darauf hin, daß es sich um einen vornehmen Herrn handelt. Mit naturalistischer Sorgfalt sind die roten Haare des Künstlers, seine blauen Augen, die feinen Gesichtszüge und die feingliedrigen Hände, der helle Teint wiedergegeben. Mit zeichnerischer Präzision ist auch das antikische Hintergrundrelief behandelt, vor dem sich Leben und Werk des Bildhauers abspielen. Alle Details sind der klassizistischen Grundkonzeption unterworfen.

Der Klassizist *Eckersberg,* der als Begründer der nationalen dänischen Malerschule gilt, begann in Paris als

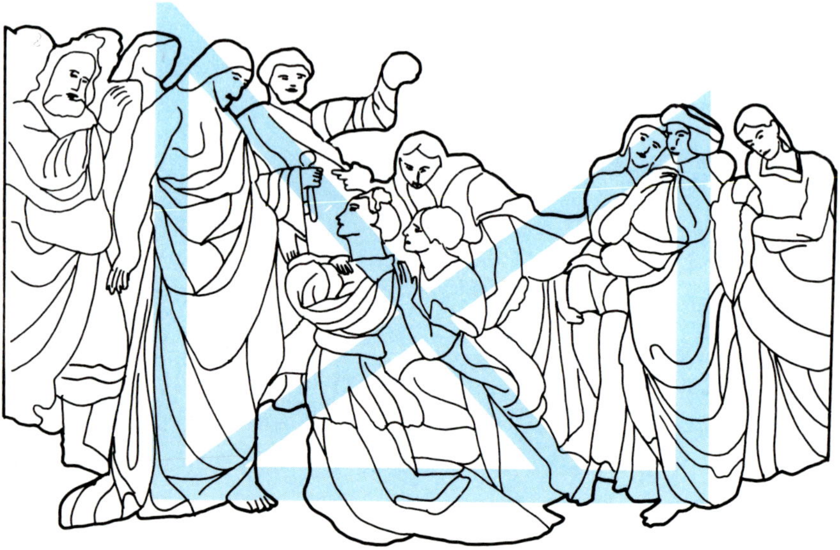

Die Kunst des *Klassizismus* schätzte das monumentale Format. Häufig wurden *Fresken* zur Ausschmückung der großen öffentlichen Bauwerke in Auftrag gegeben. An den für die Pflege des Klassizismus wichtigen fürstlichen Kunstakademien wurde dieser repräsentative Stil gelehrt. Die präzise *Zeichnung* und plastische *Körperlichkeit* wurden besonders beachtet.

Schüler von *David,* weilte 1813–1816 in *Rom,* wurde 1818 Professor der Kunstakademie zu *Kopenhagen* und schließlich deren Direktor.

Rom galt bis weit ins 19. Jahrhundert als wichtigster Hort und Kronzeuge *klassischer Kunst.* Für alle *Klassizisten* schien ein längerer römischer Studienaufenthalt unerläßlich. Manche Künstler des Nordens suchten zwar in Italien und Rom klassische Vorbilder, doch war ihnen weder der heidnische Geist der Antike noch die römische Katholizität gegeben. Sie suchten vielmehr nach einer neuen zeitgemäßen *Idealität,* die ihren eigenen Vorstellungen entsprach.

Der Düsseldorfer Maler *Peter von Cornelius* (1783–1867) kam 1811 nach Rom, wo er sich dem Kreis der *Nazarener* anschloß, die eine Erneuerung der Kunst aus christlichem Geist anstrebten. Zusammen mit *Overbeck, Schadow* und *Veit* übernahm er 1816 die Ausschmückung der *Casa Bartholdy* in *Rom.* Sein historisches Interesse beschränkte sich nicht nur auf die römische Antike, sondern er suchte vielmehr klassische Vorbilder in der Malerei der Hochrenaissance, wie bei *Raffael.*

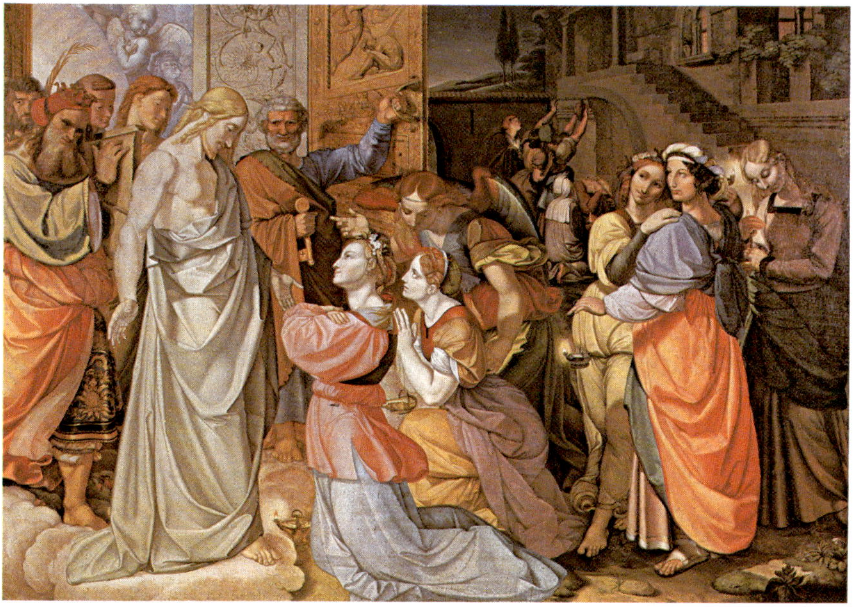

Ein erfolgreicher Klassizist war der Maler *Peter von Cornelius,* von dem die Darstellung *Christus und die klugen und törichten Jungfrauen* von 1813 stammt. Sein Klassizismus griff nicht so sehr auf die klassische Antike zurück, als vielmehr auf die Monumentalität der italienischen Hochrenaissance eines Raffael.

Damit kündigt sich eine folgenreiche Entwicklung an, daß nämlich im weiteren Verlauf nicht mehr ausschließlich die antik-klassischen Vorbilder alleingültig sind, sondern auch aus anderen historischen Stilepochen „klassische" Elemente übernommen werden. Der *Klassizismus* erweist sich in dieser Hinsicht als die erste große und in sich geschlossene Phase des neuzeitlichen *Historismus,* der im Laufe des 19. Jahrhunderts um sich griff.

Die große Komposition von *Cornelius Die klugen und die törichten Jungfrauen* von 1813 vereint klassizistisch-baumeisterliche Regelmäßigkeit mit Figurengruppen und Detailstudien, die Meisterwerken der italienischen *Renaissance* entnommen sind.

Cornelius, der während seines Romaufenthaltes die Bekanntschaft des kunstliebenden bayerischen Kronprinzen *Ludwig* machte, wurde von diesem 1819 nach München berufen und 1825 zum Direktor der Münchner Kunstakademie ernannt, 1840 folgte er einem Ruf nach Berlin. Als akademischer Lehrer gewann er größten Einfluß.

Für die deutschen Maler des *Klassizismus* ist nicht nur die klassische Antike ein hohes Ideal, sondern ebenso die ursprüngliche, unverfälschte, paradiesisch reine Natur. Diese romantische Sympathie mit dem Kindlichen, Unschuldigen, Reinen läßt sie oft erfreulich lebendig und zeitlos erscheinen.

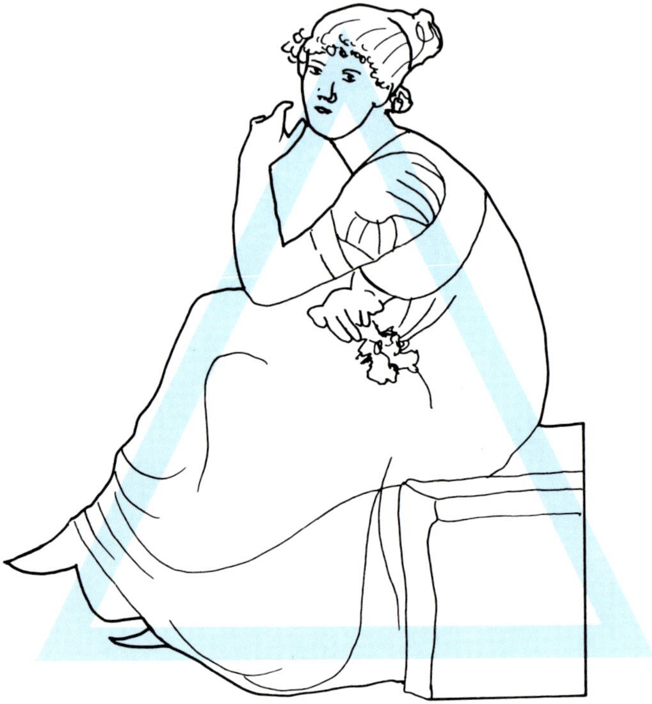

Die Malerei des *deutschen Klassizismus* enthält bei aller Monumentalität meist auch Wesenszüge, die verwandt in den Meisterwerken der *deutschen Romantik* vorkommen. Es geht dieser Kunst nicht ausschließlich um die vernunftgemäße, große Form, sondern ebenso um eine *innere* Haltung. Bestimmte Ideale wie kindliche Unschuld, stimmungsvolle Natur, Anmut, Herzlichkeit, Frische, Lieblichkeit, Reinheit, Würde, klingen in der *Porträtkunst* des deutschen Klassizismus häufig an und haben ihr Echo bis ins *Biedermeier.*
Der zu seiner Zeit sehr beliebte schwäbische Maler *Gottlieb Schick* (1776–1812), Schüler *Danneckers* und dann weitergebildet bei *David* in *Paris,* ging 1802–1811 nach *Rom.* Der früh verstorbene Meister entfaltet in dem *Bildnis der Frau Dannecker* von 1802 sein reizvolles Können. Die Frau des Bildhauers ist wiederum einem ganz

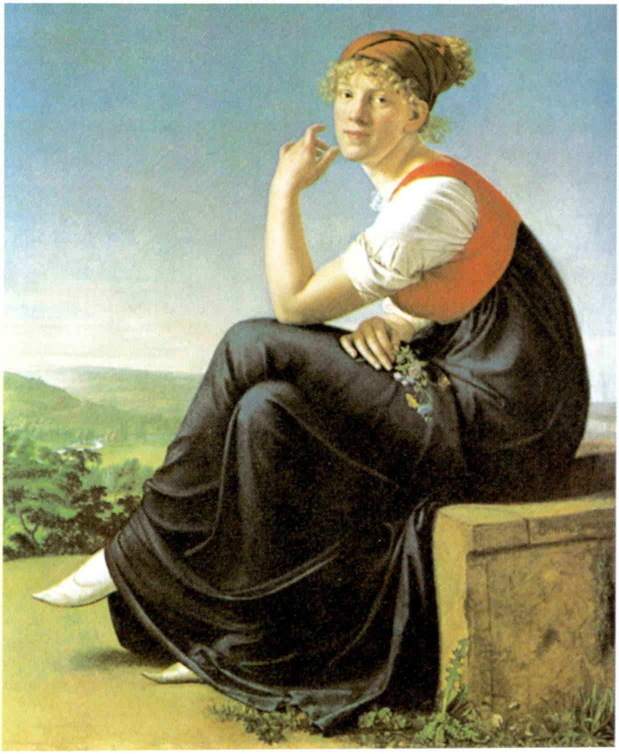

Der *deutsche Klassizist Gottlieb Schick* hinterließ als Zeichen seiner Verehrung das *Bildnis der Frau Dannecker* von 1802, ein Porträt der Frau seines Lehrers. Der Bildaufbau gewinnt durch die *Pyramidenform* und den dominierenden Dreiklang der Farben Blau-Weiß-Rot monumentale Größe und revolutionären Charakter. Diese bedeutende Gesetzmäßigkeit wird durch eine bezaubernde Natürlichkeit reizvoll gemildert.

einfachen, klassizistischen Kompositionsschema unterworfen, wodurch das Bildnis in der lieblichen Landschaft monumentale Größe annimmt. Die natürliche Haltung, der freundlich offene Blick auf den Betrachter, die Feldblumen in der Hand, ergänzen das Gesamtbild einer natürlichen, lebensvollen jungen Frau. Sympathie führte dem Künstler die Hand und läßt deutlich erkennen, welches Menschenideal der *deutsche Klassizismus* hatte. Innerhalb der Malerei des *deutschen Klassizismus* kommt auch der *heroischen Landschaft* ein bedeutender Rang zu. Das Interesse für die Vergangenheit wandte sich nicht nur den großen Ideen, Persönlichkeiten und Ereignissen der Antike zu, sondern ebenso den Schauplätzen einstiger Größe, die aufgesucht und künstlerisch wiedergegeben wurden.

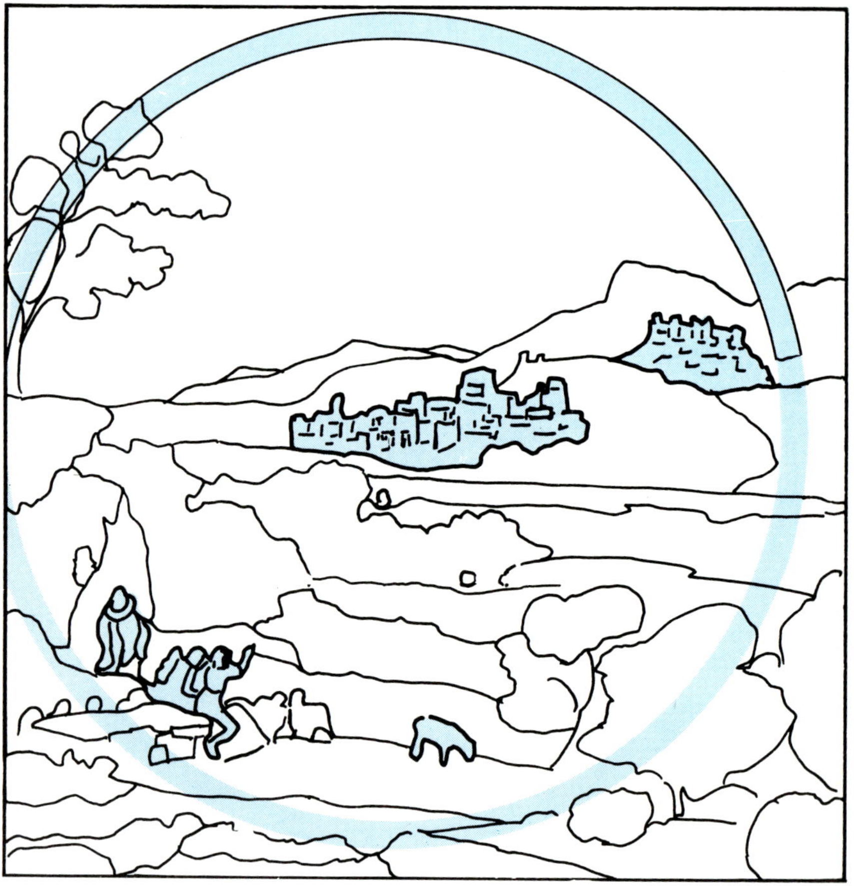

Die idealistische Sehnsucht nach Ewigkeit, Schönheit, Harmonie und Natur kommt auch in der *Landschaftsmalerei* des *deutschen Klassizismus* zum Ausdruck.
In dieser *Landschaft mit dem Regenbogen,* die der österreichische Maler *Joseph Anton Koch* um 1810

Der österreichische Maler *Joseph Anton Koch* (1768–1839) lebte seit 1795 in Rom. In der Ewigen Stadt schloß er sich an den dänischen Maler *Asmus Jacob Carstens* (1754–1798) an und übertrug die Kompositionsprinzipien des Klassizismus auf die *heroische Landschaft.* Der Franzose *Poussin* (1593–1665) war auf diesem Gebiet sein klassisches Vorbild. Seine *Landschaft mit dem Regenbogen,* um 1810, ist ein typisches Beispiel dieser Auffassung. Durch den umfassenden Kreis des Regenbogens erhält die Landschaft ihre gesetzmäßige Grundsätzlichkeit, um die es dem Klassizismus immer geht. Eine kleinfigurige Gruppe antikischer Hirten weist in die Landschaft, wo unter

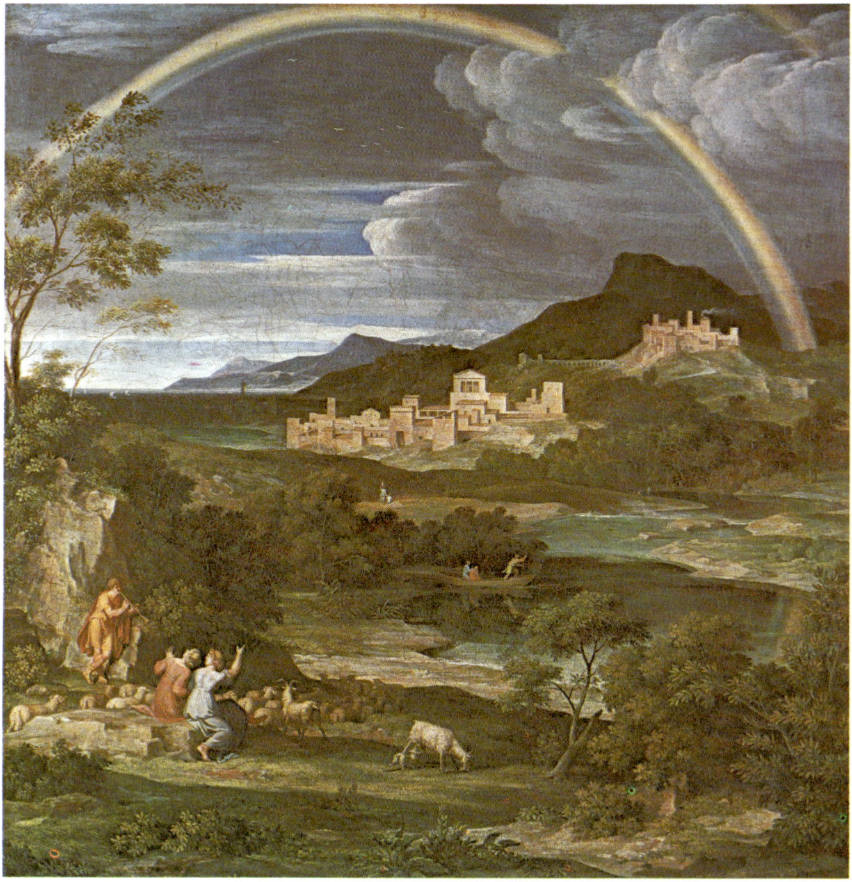

in Rom schuf, lassen sich wiederum häufig wiederkehrende, typische Stilmerkmale des *Klassizismus* nachweisen: die ruhige Monumentalität, das Streben nach einem streng architektonischen Aufbau unter Bevorzugung der elementaren Grundformen.

gewittrigen Wolken eine klassische Idealstadt im Sonnenlicht auftaucht. Über der groß gesehenen Gegend breitet sich der Regenbogen aus, völkerverbindendes Symbol ewiger Versöhnung.

Wie in diesem Meisterwerk weist die Kunst des Klassizismus häufig auf ein hohes Ideal der klassischen Vergangenheit hin, das als Vorbild gilt und daher wiederbelebt werden soll.

Fachausdrücke

Allegorie: Sinnbildliche Darstellung

Antike: Zeit des griechisch-römischen Altertums

Apotheose: Vergöttlichung. Die Römer der Antike stellten ihre Herrscher wie Götter dar

Architrav: Waagerechter Balken, der auf Säulen und Pfeilern direkt aufruht

Basilika: Halle mit erhöhtem Mittelschiff und zwei Seitenschiffen. Bei den Römern Gerichts- oder Markthalle

Dorisch: Die erste der griechischen Ordnungen. Charakteristisch sind die scharfgratig kannelierten dorischen Säulen ohne Basis und die schlichten dorischen Kapitelle, sowie der Triglyphen-Metopen-Fries

Fries: Waagerecht verlaufendes monumentales Figuren- oder Ornamentband

Fresko: (fresco = frisch). Technik der Wandmalerei, bei der die Kalkfarbe auf den noch nassen Putz aufgetragen wird. Die Farbe wird somit fester Bestandteil der Wand

Gesims: Waagerechter, um den Bau verlaufender, abgesetzter Bauteil. Das Gesims kann den Baukörper zusammenfassen oder einzelne Geschosse oder Wandzonen trennen

Giebel: Dreieckige, obere Bekrönung der Stirnseite (Frontseite) eines Gebäudes

Ionisch: Eine griechische Architekturordnung. Charakteristisch sind die schlanken Säulen mit Graten zwischen den Kanneluren, die Basen und die Volutenkapitelle

Kapitell: Oberer Säulenabschluß, der den Architrav trägt. Das dorische Kapitell besteht aus Echinus (Wulst) und Abakus (Deckplatte), das ionische hat Voluten (zwei symmetrische, spiralförmige Einrollungen), das korinthische stilisierte Akanthusblätter

Kanneluren: Gliederung der Oberfläche eines Säulenschaftes durch eingetiefte, senkrechte Rillen

Kanon: In der Bildhauerei versteht man unter dem Kanon (Maßstab, Regel) festgelegte Proportionsverhältnisse der Teile des Körpers als Voraussetzung einer harmonischen Gesamtkomposition

Klassik: Im engeren Sinne Blütezeit der antiken griechischen und römischen Kultur, die dem *Klassizismus* als Vorbild diente. Die griechische Kunst der Zeit zwischen 480 und 320 v. Chr. galt ebenso als *klassisch* wie die römische des Kaisers Augustus (63 v. Chr. - 14. n. Chr.), doch konnten auch spätere große Meister und Epochen der abendländischen Kunst als klassische Vorbilder dienen, z. B. Raffael, Palladio, Poussin

Klassizismus: Kunstrichtung, die bewußt und ausschließlich auf die Vorbilder der antiken - klassischen - Kunst zurückgriff. Der europäische Klassizismus hatte seinen zeitlichen Schwerpunkt zwischen 1770 und 1830

Ordnung: In der klassischen griechischen Architektur die festgelegte Kombination von Säule und Gebälk, gemäß einer der Ordnungen - dorisch, ionisch, korinthisch

Pantheon: Rundtempel zu Ehren aller Götter in Rom

Peripteros: Von Säulen umgebener Rechtecktempel

Podium: Erhöhte Plattform, auf welcher der römische Tempel steht

Portikus: Überdachter, offener Vorraum eines Gebäudes, der von Säulen oder Pfeilern getragen wird

Relief: Plastische, erhabene Herausarbeitung vor einer Fläche

Restauration: Wiederherstellung früherer Formen oder Zustände

Revolutionsarchitektur: Vorwiegend französische Architektur des späten 18. Jahrhunderts, oft utopisch übersteigert und nur in Entwürfen bestehend

Triumphbogen: = Ehrenbogen, ausgehend von der römischen Antike

Tympanon: Dreieckiges Giebelfeld unter dem Satteldach an der Vorder- und Rückfront des antiken Tempels, häufig mit Skulpturenschmuck

Bibliographie

Baumgart, F. Vom Klassizismus zur Romantik. 1750-1832. Köln 1974.

Beenken, H. Das 19. Jahrhundert in der deutschen Kunst. München 1944.

Carl, B. Klassizismus. 1770-1860. Zürich 1963.

Einem, H. v. Deutsche Malerei des Klassizismus und der Romantik. 1776-1840. München 1978.

Hartmann, J. B. Antike Motive bei Thorvaldsen. Tübingen 1979.

Klassizismus und Romantik. Ausstellungskatalog. Nürnberg 1966.

Lankheit, K. Revolution und Restauration. Baden-Baden 1965.

Pauli, G. Die Kunst des Klassizismus und der Romantik. Berlin 1925.

Vogt, A. M. 19. Jahrhundert. Stuttgart 1971.

Zeitler, R. Die Kunst des 19. Jahrhunderts. Berlin 1966.

Museen

in denen sich die abgebildeten Kunstwerke befinden.

Barlaston, Stoke-on-Trent, Wedgwood Museum: 41; Berlin, Nationalgalerie: 59; Brüssel, Musées Royaux des Beaux-Arts: 45, 49; Düsseldorf, Kunstmuseum: 57; Frankfurt, Städel: 53; Karlsruhe, Staatliche Kunsthalle: 61; Kopenhagen, Det Kongelige Bibliotek: 27; Kopenhagen, Kunstakademiet: 55; Kopenhagen, Thorvaldsen Museum: 33, 35; Marbach a. N., Schiller-Nationalmuseum - Dt. Literaturarchiv: 37; New York, Metropolitan Museum of Art: 5; Paris, Louvre: 43, 51; Paris, Petit Palais: 47; Rom, Galleria Borghese: 31;

Fotonachweis

Bavaria: 21, 23; Blauel: 53; Bulloz: 43, 47, 51; Cooper Bridgeman: 4; Lauros-Giraudon: 7, 9, 11, 39; Oberer: 29; Preußischer Kulturbesitz: 13, 17, 59; Scala: 31; Woodmansterne: 25; Zefa: 15, 19.

Register

Die kursiven Zahlen sind Abbildungsnummern